Collection **Si alors**

SNT 2de

Sciences Numériques et Technologie

Nouvel enseignement 2019

Sous la coordination
de **Dominique Sauzeau**
Responsable de formation technologie-sciences de l'ingénieur

Stéphane Fay
Responsable de l'unité de médiation en informatique et sciences du numérique,
Palais de la Découverte – Universciences

Anne Lorette
Professeure de mathématiques, d'ICN et d'ISN et formatrice SNT

Ellie Schmidt
Professeure d'informatique en IUT

Arnaud Turquois
Professeur de technologie et développeur Web

SOMMAIRE

DÉCOUVREZ LES ACTIVITÉS NUMÉRIQUES POUR L'ÉLÈVE p.6

THÈME 1 — Les données structurées

Pour tester ses connaissances 12

ACTIVITÉS

❶ **Repères historiques** 14

❷ **Les données personnelles et les métadonnées** 16
CAPACITÉS
• Définir une donnée personnelle
• Retrouver les métadonnées

❸ **La structure des données** 18
CAPACITÉS
• Identifier les principaux formats de données
• Identifier les différents descripteurs d'un objet
• Distinguer la valeur d'une donnée de son descripteur
• Utiliser un site de données ouvertes

❹ **Les opérations sur les données** 20
CAPACITÉ
Réaliser des opérations sur une ou plusieurs tables

❺ **Le *cloud*** 22
CAPACITÉS
• Utiliser un support de stockage dans le nuage
• Partager des fichiers, paramétrer des modes de synchronisation
• Identifier les principales causes de la consommation énergétique des centres de données

COURS 24

L'ESSENTIEL 26

EXERCICES 28

#LE NUMÉRIQUE ET VOUS 30

THÈME 2 — Internet

Pour tester ses connaissances 34

ACTIVITÉS

❶ **Repères historiques** 36

❷ **Les réseaux informatiques** 38
CAPACITÉ
Caractériser l'ordre de grandeur du trafic et quelques types de réseaux physiques

❸ **La circulation des données sur Internet** 40
CAPACITÉS
• Distinguer les protocoles IP et TCP
• Distinguer la fiabilité de transmission et l'absence de garantie temporelle
• Caractériser les principes du routage et ses limites

❹ **L'annuaire d'Internet** 42
CAPACITÉ
Retrouver une adresse IP à partir d'une adresse symbolique

❺ **Les réseaux pair-à-pair** 44
CAPACITÉ
Décrire les réseaux pair-à-pair

COURS 46

L'ESSENTIEL 48

EXERCICES 50

#LE NUMÉRIQUE ET VOUS 52

Toutes les **CAPACITÉS** attendues du programme SNT conformément au BO spécial n° 1, 22 janvier 2019

Le programme SNT
lienmini.fr/3389-003

THÈME 3 — Le Web

Pour tester ses connaissances 56

ACTIVITÉS

❶ **Repères historiques** 58

❷ **Le fonctionnement du Web** 60
   CAPACITÉS
   • Décomposer l'URL d'une page
   • Décomposer le contenu d'une requête HTTP
   • Inspecter le code d'une page hébergée par un serveur

❸ **L'écriture d'une page Web** 62
   CAPACITÉS
   • Distinguer ce qui relève du contenu d'une page de son style de présentation
   • Étudier et modifier une page HTML simple
   • Maîtriser les renvois d'un texte à différents contenus

❹ **Le fonctionnement d'un moteur de recherche** 64
   CAPACITÉS
   • Mener une analyse critique des résultats d'un moteur de recherche
   • Comprendre les enjeux de la publication d'informations

❺ **Sécurité et vie privée sur le Web** 66
   CAPACITÉS
   • Maîtriser les réglages les plus importants d'un navigateur
   • Sécuriser sa navigation
   • Reconnaître les pages sécurisées
   • Connaître certaines notions juridiques

COURS 68
L'ESSENTIEL 70
EXERCICES 72
#LE NUMÉRIQUE ET VOUS 74

THÈME 4 — Localisation, cartographie et mobilité

Pour tester ses connaissances 78

ACTIVITÉS

❶ **Repères historiques** 80

❷ **Le fonctionnement de la géolocalisation** 82
   CAPACITÉS
   • Décrire le fonctionnement de la géolocalisation
   • Régler les paramètres de confidentialité d'un téléphone

❸ **Les plateformes de cartographie** 84
   CAPACITÉS
   • Identifier les différentes couches d'informations de Géoportail
   • Contribuer à OpenStreetMap

❹ **Trame NMEA** 86
   CAPACITÉ
   Décoder une trame NMEA

❺ **Calculs d'itinéraires** 88
   CAPACITÉS
   • Utiliser un logiciel pour calculer un itinéraire
   • Représenter un calcul d'itinéraire

COURS 90
L'ESSENTIEL 92
EXERCICES 94
#LE NUMÉRIQUE ET VOUS 98

THÈME 5 — La photographie numérique

Pour tester ses connaissances 102

ACTIVITÉS

❶ Repères historiques 104

❷ L'œil et le capteur photographique 106
CAPACITÉ
Distinguer les photosites du capteur et les pixels de l'image

❸ Le traitement de l'image : de la couleur aux niveaux de gris 108
CAPACITÉ
Traiter par programme une image pour la transformer en agissant sur ses pixels

❹ Les différents formats, les données EXIF 110
CAPACITÉ
Retrouver les métadonnées d'une photographie

❺ Construction d'une image et algorithmes de prise de vue 112
CAPACITÉS
• Expliciter des algorithmes associés à la prise de vue
• Identifier les étapes de la construction de l'image finale

COURS 114

L'ESSENTIEL 116

EXERCICES 118

#LE NUMÉRIQUE ET VOUS 122

THÈME 6 — Les réseaux sociaux

Pour tester ses connaissances 126

ACTIVITÉS

❶ Repères historiques 128

❷ Les caractéristiques des réseaux sociaux 130
CAPACITÉS
• Distinguer plusieurs réseaux sociaux et en connaître les concepts
• Paramétrer des abonnements

❸ Le modèle économique des réseaux sociaux 132
CAPACITÉ
Identifier les sources de revenus

❹ Les communautés dans les réseaux sociaux 134
CAPACITÉS
• Déterminer les caractéristiques de graphes simples
• Décrire comment l'information est conditionnée par le choix de ses amis

❺ La cyberviolence 136
CAPACITÉ
Connaître l'article 222-33-2-2 du code pénal et les différentes formes de cyberviolence

COURS 138

L'ESSENTIEL 140

EXERCICES 142

#LE NUMÉRIQUE ET VOUS 146

THÈME 7 — L'informatique embarquée

Pour tester ses connaissances ... 150

ACTIVITÉS

❶ **Repères historiques** ... 152

❷ **Les systèmes informatiques embarqués** ... 154
CAPACITÉ
Identifier des algorithmes de contrôle des comportements physiques

❸ **La programmation d'un système informatique embarqué** ... 156
CAPACITÉ
Écrire des programmes simples d'acquisition de données ou de commande d'un actionneur

❹ **Le pilotage d'un objet connecté** ... 158
CAPACITÉ
Réaliser une IHM simple d'un objet connecté

COURS ... 160
L'ESSENTIEL ... 162
EXERCICES ... 164
#LE NUMÉRIQUE ET VOUS ... 168

EN FIN D'OUVRAGE

DICO des SNT ... 185
Corrigés ... 188

Tous les programmes accessibles sur **Mon Espace Python**
lienmini.fr/3389-002

Programmer avec Python

CAPACITÉ
Écrire et développer des programmes pour répondre à des problèmes et modéliser des phénomènes physiques, économiques et sociaux

Pour tester ses connaissances ... 172

MÉTHODES

❶ Écrire un programme ... 175
❷ Écrire des instructions conditionnelles ... 177
❸ Écrire une boucle non bornée ... 179
❹ Écrire une fonction ... 181

EXERCICES ... 182

#LE NUMÉRIQUE ET VOUS

Tout au long du manuel, retrouvez des activités pour mieux comprendre les enjeux sociétaux du numérique.

DÉBATS
- Les enjeux et les risques du *Big Data*
- La neutralité du Web
- Info ou intox : comment vérifier l'information sur le Web ?
- Traceurs GPS : sécurité ou danger ?
- Le droit à l'image et le pistage des individus
- Réseaux sociaux, un espace de liberté ?
- L'assistance vocale

MINI-PROJET
- Comment protéger nos données personnelles ?
- Attaque par déni de service
- La révolution du Web
- OpenStreetMap
- *Light painting*
- Le partage d'informations
- Des robots et des hommes

EXPOSÉ
- Le *cloud*
- L'impact économique du pair-à-pair
- Le droit à l'oubli
- Les voitures autonomes
- Les photos truquées
- Rumeurs et *fake news*
- L'impact de la robotisation

MÉTIER
- *Business analyst*
- Administrateur réseau
- Développeur Web
- Géomaticien
- Retoucheur d'image
- *Community manager*
- Domoticien

Les activités numériques du manuel

EN ACCÈS GRATUIT POUR TOUS

1 — Des vidéos interactives

En partenariat avec *Inria* <Class'Code>, les vidéos du MOOC SNT.

> Découvre chacune des **7 thématiques du programme** et ses notions sous-jacentes.

> Interagis avec la vidéo en répondant au **quiz intégré**.

lienmini.fr/3389-301

2 — Des vidéos de Repères historiques

Avec le youtubeur Mister Flech

> Découvre les **grandes avancées numériques et technologiques** de chaque thème du programme.

> Ce que dit le programme :
« La présentation de chaque thème débute par des éléments de culture scientifique et technologique qui peuvent proposer des repères historiques. »

lienmini.fr/3389-303

3 Des vidéos de métiers

En partenariat avec ✱ onisep

> Des **métiers du numérique** pour t'aider à définir ton projet d'orientation.

lienmini.fr/3389-311

4 Des exercices autocorrectifs

> **Progresse** tout au long de l'année grâce aux **QCM interactifs**.

lienmini.fr/3389-302

EN PLUS

 ✓ Tous les **Essentiels en audio**.

 ✓ Tout au long de l'ouvrage, des **vidéos supplémentaires** pour **découvrir** ou **approfondir les notions clés**.

 ✓ Les **schémas-bilans animés** des notions clés du programme.

 ✓ Tous les **fichiers Python** des activités et exercices.

COMMENT ACCÉDER À CES ACTIVITÉS ?

▶ Depuis une **tablette** ou un **smartphone**, en scannant le QR Code.

▶ Depuis un **ordinateur**, en saisissant le lien mini dans le manuel.

Visite guidée du manuel

Pour commencer

Une **vidéo interactive** pour lancer la thématique

Pour tester ses connaissances

Repère tes **connaissances** et tes **difficultés** avant de démarrer les activités

Activités

Des activités pour acquérir les **capacités attendues du programme** autour de documents proches des centres d'intérêt des élèves

8

Cours

Un **cours complet** et illustré pour **comprendre les nouvelles notions**

Essentiel

Pour retenir ce que tu dois savoir **par le texte** et **par l'image**

Exercices

Les exercices permettent de **travailler les capacités du programme**

- Des coups de pouce pour **expliciter les programmes Python** et des renvois vers la **Méthode** correspondante
- Des exercices **branchés et débranchés**

Le Numérique Et Vous

Des activités motivantes et originales (**débat, exposé, mini-projet**) pour développer les capacités transversales

9

Capacités attendues*

- ▶ Définir une donnée personnelle, retrouver les métadonnées .... **Activité 2 • p. 16**
- ▶ Identifier les principaux formats de données, identifier les différents descripteurs d'un objet, distinguer la valeur d'une donnée de son descripteur, utiliser un site de données ouvertes .... **Activité 3 • p. 18**
- ▶ Réaliser des opérations sur une ou plusieurs tables .... **Activité 4 • p. 20**
- ▶ Utiliser un support de stockage dans le nuage, partager des fichiers, paramétrer des modes de synchronisation, identifier les causes de la consommation énergétique des centres de données .... **Activité 5 • p. 22**

* *Bulletin officiel spécial*, n° 1, 22 janvier 2019.

Un centre de données (ou *data center*) permet de stocker et traiter des données.

THÈME 1

Les données structurées

Pour commencer — une vidéo interactive

Données, comment les manipuler ? — 4:53

Répondez au quiz intégré à la vidéo.

lienmini.fr/3389-101

POUR TESTER SES CONNAISSANCES

→ *Vérifier vos réponses p. 188*

Pour chacune des questions, choisissez la bonne réponse à l'aide de vos connaissances.

1 Fichiers

1 Un fichier :
a. ne peut contenir que du texte.
b. ne peut contenir qu'une image.
c. peut contenir une image, des sons, du texte, etc.

2 Les fichiers de musique peuvent être stockés au format :
a. 16:9.
b. mp3.
c. ba13.

3 La capacité d'un smartphone actuel pour stocker des fichiers se mesure en :
a. mégaoctet.
b. gigaoctet.
c. kilogramme.

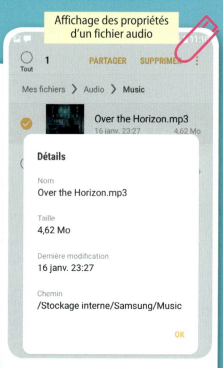

Affichage des propriétés d'un fichier audio

Les fichiers enregistrés dans un téléphone ou un ordinateur possèdent un certain nombre de propriétés : type de fichier, taille, emplacement, etc.

2 Données personnelles

1 L'adresse d'une personne :
a. est une donnée personnelle.
b. n'est pas une donnée personnelle.
c. n'est pas une donnée personnelle si elle a été donnée volontairement.

2 Pour protéger sa vie privée sur un site, il faut :
a. régler les paramètres de sécurité.
b. régler les paramètres de l'affichage.
c. cocher la case « S'inscrire avec Facebook ».

3 Quelle institution contrôle le traitement des informations personnelles ?
a. L'Hadopi
b. La Sacem
c. La CNIL (Commission nationale de l'informatique et des libertés)

La loi européenne RGPD protège les données personnelles

Les données qui se rapportent à une personne sont appelées « données personnelles ». Elles sont protégées en France par la Commission nationale de l'informatique et des libertés.

12 ■ Les données structurées

Je me teste en ligne
lienmini.fr/3389-102

3 Partage des données

1 Un fichier partagé en ligne peut toujours être vu par :
 a. le propriétaire du fichier seulement.
 b. le propriétaire et l'hébergeur.
 c. tout le monde.

2 Les opérateurs téléphoniques conseillent :
 a. de ne pas sauvegarder ses données.
 b. de sauvegarder ses données en ligne.
 c. de transférer ses données à ses amis.

3 Les informations d'une carte Vitale sont présentes :
 a. uniquement sur la carte.
 b. uniquement sur l'ordinateur connecté à la carte.
 c. sur un réseau d'ordinateurs en ligne.

Partage de fichier image par la création d'un album partagé sur téléphone

De nombreux services proposent actuellement de sauvegarder des fichiers en ligne. La création de dossiers partagés facilite l'échange de fichier entre utilisateurs et permet une sauvegarde régulière des documents. Il est possible de choisir avec qui on partage des fichiers.

4 Tableur

1 Comment s'appelle une case de tableur ?
 a. Une feuille de calcul.
 b. Une cellule.
 c. Un élément.

2 Comment identifie-t-on une case d'un tableur ?
 a. Avec des chiffres et des lettres.
 b. Avec deux chiffres.
 c. Avec deux lettres.

3 Dans un tableur :
 a. on peut trier des nombres seulement.
 b. on peut trier des nombres ou du texte.
 c. on ne peut pas trier les données.

Une feuille de calcul

	A	B	C	D	E
1	Genre	Fournisseur	Taille	Prix	Quantité
2	Bouquet	Fleurs d'Asie	Grand	90	20
3	Bouquet	Flowers	Grand	90	20
4	Ficus	Jardin tropical	Grand	150	10
5	Ficus	Flor'Antilles	Petit	20	20
6	Ficus	Le figuier	Grand	120	10
7	Ficus	Le banian	Petit	25	20
8	Ficus	Art floral	Petit	25	20
9	Orchidée	Le Jardin	Petit	25	100
10	Orchidée	Orchis	Petit	18	50
11	Orchidée	Le sabot de Vénus	Grand	80	10
12	Orchidée	Orchid SA	Petit	15	100
13	Orchidée	Les fleurs exotiques	Grand	140	10
14	Palmier	LA Roseraie	Grand	100	10
15	Palmier	Noix de Coco	Petit	25	20
16	Palmier	Palm's	Grand	150	10

Un tableur permet l'édition et le traitement de tableaux. Il est destiné à manipuler des données organisées dans des grilles formées de lignes et de colonnes appelées également « feuilles de calcul ».

Les données structurées

ACTIVITÉ 1
Repères historiques

1725
Les rubans perforés

En 1725, le Français Basile Bouchon invente un système de rubans perforés pour automatiser un métier à tisser. Les trous, ou leur absence, déterminent les mouvements des pièces mécaniques du métier : c'est en quelque sorte un système binaire (« trou » ou « pas trou »). Trois ans plus tard, Jean-Baptiste Falcon, l'assistant de Bouchon, remplace les rubans par des cartes. Ces cartes perforées, premier support de stockage de données, seront en usage jusque dans les années 1960.

Une carte perforée des années 1960

1956
Les disques durs

En 1956, une équipe d'IBM menée par l'Américain Reynold Johnson invente le premier disque dur, l'IBM 350. Constitué de 50 disques de 610 mm de diamètre, il peut contenir 3,75 mégaoctets de données (à peine la taille d'une chanson en mp3) et pèse environ une tonne ! Aujourd'hui, un disque dur de 10 téraoctets (1 téra = 1 million de mégas) tient dans une main.

Transport du disque dur IBM 350

1970
Le modèle relationnel

Edgar Frank Codd, inventeur du modèle relationnel

Le développement des supports de stockage entraîne mécaniquement une hausse de la quantité de données disponible. Mais comment retrouver et traiter facilement des **données** dans ces conditions ? C'est à cette fin que l'Anglais Edgar Codd met au point en 1970 le modèle relationnel : une représentation logique et rationnelle des données permettant de les rendre exploitables.

14 ■ Les données structurées

Un tableur Visicalc sur un Apple II

Le premier tableur : Visicalc

Les tableurs, apparus dans les années 1960, permettent de visualiser des données présentées sous forme de tableaux. Visicalc est le premier à fonctionner sur un ordinateur individuel, l'Apple II. Il sert à la comptabilité et contribue à faire des ordinateurs un outil de travail dans les entreprises. 700 000 copies sont vendues en 6 ans.

1979

1997

Big Data

C'est en 1997 que le terme Big Data apparaît pour caractériser de grands ensembles de données de nature multiple (textes, images, sons, etc.) et en constante évolution. Par exemple, les données des utilisateurs d'un réseau social constituent du Big Data. Elles peuvent être exploitées pour des raisons commerciales (publicités ciblées, etc.) ou encore scientifiques (études sociologiques, etc.).

La production de données en 2020

1,7 MB de données sera créé **chaque seconde** par chaque personne.

Cela équivaut à **un fichier MP3** d'une chanson de 2 minutes.

Chacun d'entre-nous produit des données

2000

L'intérieur d'une clef USB. Les données sont contenues dans la puce noire de gauche.

1984

La mémoire flash

Grâce au Japonais Fujio Masuoka, la mémoire flash est mise sur le marché par Toshiba en 1984. Ce type de mémoire rapide et sans pièce mécanique est utilisée dans les clefs USB, les appareils photo, etc. et remplace progressivement les disques durs.

La ville de Roubaix ouvre ses données. Ici, on voit les arceaux pour mettre son vélo.

2009

Open Data

L'Open Data prône le libre accès des données. Ainsi en 2009, le président Obama lance l'*Open Government Initiative* dans le but de rendre l'État américain plus transparent. En 2013, le G8 (les 8 plus grandes puissances économiques du monde) signe une charte dans ce sens. Les résultats sont à considérer d'un œil critique. En effet, toutes les données ne sont pas librement accessibles, mais seulement certaines, et leur flux peut diminuer si ceux qui les génèrent estiment certains sujets trop sensibles.

QUESTIONS

1. Citer différents moyens de stockage des données.
2. Sous quelle forme sont présentée les données dans un tableur ?
3. Quels sont aujourd'hui les principaux enjeux autour des données ? Voir **DICO SNT** p. 185

Les données structurées

ACTIVITÉ 2

CAPACITÉS ATTENDUES :
Définir une donnée personnelle
Retrouver les métadonnées

Les données personnelles et les métadonnées

Une donnée est un élément se rapportant à un objet, une personne ou un événement. Actuellement, nous produisons volontairement ou non de très grandes quantités de données. Une grande part de ces données contient des informations personnelles.

? Comment sont collectées et enregistrées nos données personnelles ?

DOC 1 Qu'est-ce qu'une donnée personnelle ?

Une **donnée** est **personnelle** si elle se rapporte à une personne identifiable. Elle peut être de différente nature, textuelle ou non. Elle doit permettre d'identifier une personne directement, grâce à un **identifiant**, ou indirectement, par recoupement de plusieurs informations.

Définition et nature des données personnelles

Toute information relative à un particulier identifié ou identifiable, directement ou indirectement, grâce à un identifiant ou à un ou plusieurs éléments propres à son identité

Par exemple : photo, nom, profil culturel ou social, adresse, données de localisation, données de santé, identifiant en ligne, numéro de carte d'identité

Source : Règlement général sur la protection des données (RGPD) du 27 avril 2016

DOC 2 La collecte des données

Les données peuvent être renseignées par un humain, comme lorsque nous nous inscrivons sur un site qui nous incite à renseigner nos données personnelles pour créer un compte. Les données peuvent aussi être capturées et enregistrées par un dispositif matériel, comme les caméras de surveillance associées à un logiciel de reconnaissance faciale ou encore des lunettes connectées.

Créer votre compte client

Civilité *
● Mme   ○ M.

Prénom *   Nom *

Date de naissance *   Téléphone mobile
                            06 XX XX XX XX

E-mail *   Confirmation e-mail *

Mot de passe * (entre 8 et 25 caractères)   Confirmation du mot de passe *

Formulaire de création de compte

Reconnaissance de visage par des lunettes connectées

16 ■ Les données structurées

DOC 3 Retrouver les métadonnées d'un fichier personnel

Une **métadonnée** est une donnée particulière qui donne des informations sur la donnée principale, comme le titre d'une vidéo. Les données personnelles sont souvent associées à de nombreuses métadonnées qui donnent davantage d'informations sur le fichier principal et sur leur propriétaire. Ces métadonnées varient selon le type de fichier qu'elles décrivent.

Affichage des propriétés (métadonnées) d'une vidéo

DOC 4 Le Big Data

Le terme *Big Data*, ou données massives, désigne l'énorme quantité de données récoltées actuellement dans le monde. Ces données ont des caractéristiques, appelées « dimensions » du *Big Data*, rendant leur exploitation délicate.

VIDÉO
Quel usage pour le *Big Data* ?
lienmini.fr/3389-104

Dimensions du *Big Data*

- **Volume** Données nombreuses
- **Vitesse** Données renouvelées
- **Variété** Données variées
- **Véracité** Données incertaines

QUESTIONS

① **DOC 1.** Donner des exemples de données personnelles et préciser dans chaque cas si l'identification est directe ou indirecte.

② **DOC 2.** Les données personnelles sont-elles toujours données consciemment par l'utilisateur ?

③ **DOC 3.** Préciser quelle est la donnée principale et quelles sont les métadonnées dans ce document. Comment peut-on retrouver les métadonnées d'un fichier vidéo ?

④ **DOC 4.** En quoi les dimensions du *Big Data* compliquent-elles la collecte et l'exploitation des données personnelles et métadonnées ?

⑤ **CONCLUSION.** Que sont nos données personnelles et comment sont-elles collectées ?

Voir **DICO SNT** p. 185

Les données structurées

ACTIVITÉ 3

CAPACITÉS ATTENDUES :
Identifier les principaux formats de données
Identifier les différents descripteurs d'un objet
Distinguer la valeur d'une donnée de son descripteur
Utiliser un site de données ouvertes

La structure des données

Pour être exploitables, les données sont stockées dans des fichiers de manière structurée. Plusieurs formats de fichiers peuvent être utilisés en fonction des besoins.

? Comment les données sont-elles structurées ?

DOC 1 Les caractéristiques des données structurées

Pour retrouver et traiter des données facilement, on les organise sous la forme d'un tableau appelé « **table de données** ». Une collection regroupe des objets partageant les mêmes **descripteurs**. Un **objet** est donné par la liste des valeurs de tous ses descripteurs. Les données sont alors dites « structurées ».

VIDÉO
Quelle est l'histoire des bases de données ?
lienmini.fr/3389-105

Collection

Nom	Capitale	Hymne	Superficie (km²)
France	Paris	La Marseillaise	632 734
Chine	Pékin	La Marche des volontaires	9 596 961
États-Unis	Washington	The Star-Spangled Banner	9 833 517
Argentine	Buenos Aires	Himno Nacional Argentino	2 791 810

- Descripteurs
- Une valeur du descripteur « Nom » : France
- Un objet : Argentine

DOC 2 Les représentations des données

Le choix de la structure de données est essentiel pour retrouver les informations. Ainsi, selon les éléments que l'on souhaite mettre en avant, on choisira certains descripteurs plutôt que d'autres. Une même donnée peut donc être représentée dans différentes tables et de différentes manières.

Dans l'exemple ci-contre, l'image ci-dessus est un objet dans deux collections, avec des descripteurs différents.

Collection 1

Nom	Pays	Date
Vacances papy	France	19/12/1960
New-York	États-Unis	17/05/1901
Ski 2019	France	01/01/2019
Vacances 2018	France	05/06/2018

Collection 2

Nom	Paysage	Date
Vacances papy	Montagne	19/12/1960
New-York	Ville	17/05/1901
Ski 2019	Montagne	01/01/2019
Vacances 2018	Plage	05/06/2018

18 ■ Les données structurées

DOC 3 — Les formats des données

Selon les besoins, les données peuvent être représentées sous différentes formes. Les formats CSV, JSON et XML sont très utilisés. Le format CSV se présente sous forme de table. Les valeurs des descripteurs sont séparées, ici, par des points-virgules. Le format JSON associe les données avec une étiquette (descripteur) sous forme d'une liste. Le format XML utilise des balises (mot entre "<" et ">") pour organiser les informations en sous-éléments.

Le CSV et le JSON sont simples à écrire et à lire, contrairement au XML qui nécessite de longues lignes de code. Le CSV est rigide (tous les descripteurs doivent être renseignés), contrairement au XML et au JSON. Le XML est le format le plus rapide à traiter par la machine.

Données au format CSV
```
1  prenom;nom;classe
2  Antoine;Ledoux;seconde
3  Pauline;Darcis;premiere
```

Données au format JSON
```
1  [
2    {
3      "prenom":"Antoine",
4      "nom":"Ledoux",
5      "classe":"seconde"
6    },
7    {
8      "prenom":"Pauline",
9      "nom":"Darcis",
10     "classe":"premiere"
11   }
12 ]
```

Données au format XML
```
1  <eleve>
2    <prenom>Antoine</prenom>
3    <nom>Ledoux</nom>
4    <classe>seconde</classe>
5  </eleve>
6  <eleve>
7    <prenom>Pauline</prenom>
8    <nom>Darcis</nom>
9    <classe>premiere</classe>
10 </eleve>
```

DOC 4 — Les données ouvertes

Les données ouvertes, ou *Open Data*, sont des données totalement publiques et libres de droit. De nombreux sites offrent l'accès à ces données. Il ne doit y avoir aucun obstacle technique et aucune restriction à l'utilisation des données, même commerciale. Sur le site opendata.paris.fr, il est par exemple possible de retrouver l'emplacement exact de toutes les stations de vélos en libre service et d'utiliser ces informations pour produire des cartes ou d'autres documents.

Récupération de données sur l'emplacement des stations de Velib sur le site opendata.paris.fr

QUESTIONS

① DOC 1. Donner les descripteurs et une valeur d'un descripteur.

② DOC 2. Retrouver la date de l'image. Quelle collection permet de retrouver cette information le plus rapidement ?

③ DOC 1 ET 3. Combien y a-t-il d'objets dans la collection représentée sous forme CSV, XML et JSON. Quels en sont les descripteurs et comment sont-ils placés dans les différents formats ?

④ DOC 4. Peut-on utiliser librement les informations sur les vélos en libre service pour faire une application payante qui indique la localisation des stations ?

⑤ CONCLUSION. Quels sont les points communs aux différents formats de données ?

Voir **DICO SNT** p. 185

Les données structurées

ACTIVITÉ 4

CAPACITÉ ATTENDUE :
Réaliser des opérations sur une ou plusieurs tables

Les opérations sur les données

Pour extraire des informations de données structurées, différentes opérations peuvent être effectuées. Les données peuvent être sélectionnées ou triées suivant les valeurs de leurs descripteurs.

? Comment retrouver une information à partir de données ?

DOC 1 — La recherche dans une ou plusieurs tables

La structure des **tables de données** permet de rechercher facilement un objet. Il est également possible de recouper des informations présentes dans deux tables de données en comparant les descripteurs. Les deux tables ci-contre contiennent des informations différentes sur des recettes de cuisine.

Recette	Type	Temps de préparation
Coq au vin	Plat	long
Lasagnes	Plat	moyen
Mousse au chocolat	Dessert	rapide
Courgettes farcies	Plat	rapide
Compote	Dessert	rapide

Gluten	Œufs	Recette
Sans gluten	Sans œuf	Coq au vin
Sans gluten	Avec œuf	Mousse au chocolat
Sans gluten	Avec œuf	Courgettes farcies
Sans gluten	Sans œuf	Compote
Avec gluten	Sans œuf	Lasagnes

Tables de données de recettes

DOC 2 — La recherche avec une requête

Pour automatiser le traitement de données, il est possible d'écrire une **requête**. Il s'agit d'une phrase permettant de trouver des informations dans une collection. Elle a une structure et des mots prédéfinis. La table « CodesDpt » contient les codes des régions. Pour récupérer les codes département de la région Auvergne-Rhône-Alpes, on utilise la requête suivante :

« Sélectionner le Code_departement dans CodesDpt avec Code_region = 84 »
Les mots Sélectionner, dans et avec structurent la requête.

Extrait de la table « CodesDpt » (data.gouv.fr)

Code_departement	Nom_departement	Code_region	Nom_region
01	Ain	84	Auvergne - Rhône-Alpes
02	Aisne	32	Nord-Pas-de-Calais - Picardie
03	Allier	84	Auvergne - Rhône-Alpes
04	Alpes-de-Haute-Provence	93	Provence-Alpes-Côte d'Azur
05	Hautes-Alpes	93	Provence-Alpes-Côte d'Azur
06	Alpes-Maritimes	93	Provence-Alpes-Côte d'Azur
07	Ardèche	84	Auvergne - Rhône-Alpes
08	Ardennes	44	Alsace - Champagne-Ardenne - Lorraine
09	Ariège	76	Languedoc-Roussillon - Midi-Pyrénées
10	Aube	44	Alsace - Champagne-Ardenne - Lorraine
11	Aude	76	Languedoc-Roussillon - Midi-Pyrénées
12	Aveyron	76	Languedoc-Roussillon - Midi-Pyrénées
13	Bouches-du-Rhône	93	Provence-Alpes-Côte d'Azur
14	Calvados	28	Normandie
15	Cantal	84	Auvergne - Rhône-Alpes
16	Charente	75	Aquitaine - Limousin - Poitou-Charentes

Les données structurées

DOC 3 · Le langage SQL

Le **SQL** (*Structured Query Language*) est un langage informatique permettant d'exploiter des données structurées en écrivant des requêtes. Les mots structurant les requêtes sont en anglais.

Mots réservés en SQL

Commandes SQL	Usage
select	**Sélectionner** une donnée
from	**Dans** une table
where	**Avec** une condition
order by	**Trier** le résultat dans l'ordre croissant
count	**Compter**
avg	Faire la **moyenne**

DOC 4 · Le tri d'une table en langage SQL

Des requêtes SQL permettent d'extraire des informations en les triant selon certains critères. La requête suivante s'applique à la table donnant les noms, prénoms, classes et notes d'élèves.

Requête SQL permettant d'extraire les noms ordonnés en fonction des notes

Exécuter une ou des requêtes SQL sur le

```
1 Select nom from table order by note
```

Extrait de table

nom	prenom	num_Seconde	note
Caron	Antoine	1	14
Mercier	Chloé	2	8
Nimoye	Arthur	5	17
Nori	Louise	2	12

QUESTIONS

① **DOC 1.** Quels sont les plats rapides à préparer ? Quelle recette choisir pour faire un dessert sans œuf, sans gluten et rapide à préparer ?

② **DOC 2.** Quelle modification apporter à la requête pour obtenir les codes de départements de la région Normandie ?

③ **DOC 2 ET 3.** Comment s'écrirait la requête du document 2 en SQL ?

④ **DOC 4.** Quel est le résultat de la requête SQL ?

⑤ **CONCLUSION.** Comment peut-on exploiter des données afin d'en dégager de l'information ou réaliser des calculs ?

Voir **DICO SNT** p. 185

Les données structurées

ACTIVITÉ 5

Le *cloud*

CAPACITÉS ATTENDUES :
Utiliser un support de stockage dans le nuage
Partager des fichiers, paramétrer des modes de synchronisation
Identifier les principales causes de la consommation énergétique des centres de données

L'augmentation du volume de données produites a provoqué l'apparition de nouvelles solutions de stockage et de partage de ressources. Actuellement, les organisations comme les particuliers utilisent le *cloud* (nuage en français) pour stocker des données ou utiliser des applications en ligne.

? Comment fonctionne le *cloud* ?

DOC 1 — Les usages du *cloud*

Le ***cloud*** permet l'accès en ligne à des applications, un espace de stockage et d'autres ressources. Les données, au lieu d'être stockées sur des disques durs, clefs USB ou cartes mémoires, sont alors accessibles par Internet. Il est également possible d'utiliser des logiciels collaboratifs à distance. Le *cloud* est actuellement utilisé massivement par les entreprises et les individus.

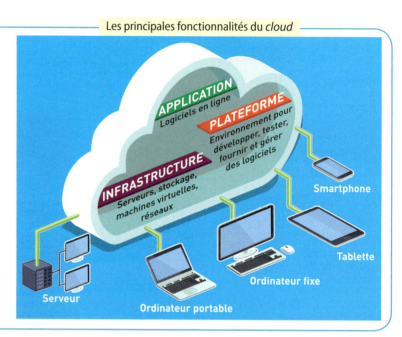

Les principales fonctionnalités du *cloud*

DOC 2 — Le paramétrage des modes de synchronisation

Il est possible de paramétrer son ordinateur, sa tablette, son smartphone, etc. de manière à synchroniser, c'est-à-dire sauvegarder automatiquement et à intervalles réguliers, ses données sur le *cloud*. On peut choisir la nature des données synchronisées et la fréquence de sauvegarde.

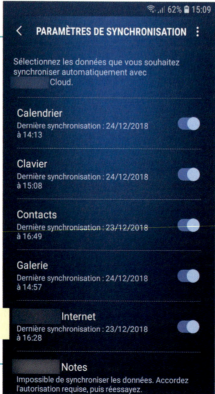

Paramètres de synchronisation sur un smartphone

22 ■ Les données structurées

DOC 3 — Les centres de données

Les centres de données, ou *data centers*, sont les lieux physiques contenant les serveurs informatiques qui stockent, traitent et distribuent les données du *cloud*. Les volumes et l'importance des données traitées nécessitent une grande fiabilité et une sécurisation des serveurs. En 2018 :
– 97 % des entreprises utilisaient le *cloud* ;
– 83 % stockaient des données sensibles dans un *cloud* public.

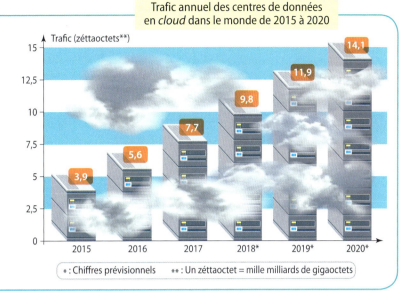

Trafic annuel des centres de données en *cloud* dans le monde de 2015 à 2020

* : Chiffres prévisionnels ** : Un zéttaoctet = mille milliards de gigaoctets

DOC 4 — La consommation énergétique des centres de données

En 2030, le secteur numérique sera le plus gros consommateur électrique de la planète. Les plus grandes entreprises gérant le *cloud* commencent à modifier leurs pratiques et à produire leur propre énergie renouvelable pour faire fonctionner les centres de données. Les techniques employées sont variées : panneaux solaires, parcs éoliens, systèmes micro-hydroélectriques (petites centrales hydrauliques)…

CENTRES DE DONNÉES

1 Plus de **2 000 *data centers*** exécutent toutes les activités en ligne des États-Unis.

2 Ils engloutissent assez d'énergie pour alimenter les ménages de la ville de New-York pendant deux ans.

3 C'est l'équivalent de la production et de la pollution de **34 centrales à charbon.**

L'efficacité énergétique dans les centres de données

4 Beaucoup de grands *data centers* du *cloud* ont fait de gros efforts d'efficacité mais ils représentent **moins de 5 %** de la consommation électrique des *data centers*.

5 Un *data center* gaspille une grosse part d'énergie pour peu de travail. Le serveur moyen fonctionne à seulement **12 à 18 % de sa capacité !**

QUESTIONS

1) DOC 1. Expliquer ce que peut apporter le *cloud* aux entreprises et aux particuliers.

2) DOC 2 ET 3. Où sont stockées les données qui sont synchronisées à partir d'un smartphone ? Quels sont les avantages et les risques de la synchronisation ?

3) DOC 3 ET 4. Pourquoi le *cloud* est-il un gros consommateur d'énergie ? Comment réagissent les grandes entreprises du secteur numérique ?

4) CONCLUSION. Quels sont les avantages et les inconvénients du *cloud* ?

Voir **DICO SNT** p. 185

COURS

Voir **DICO SNT** p. 185

DOC 1 Exemples de données personnelles

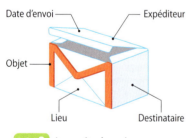

DOC 2 Les métadonnées d'un courriel

```
1   prenom;nom;classe
2   Antoine;Ledoux;seconde
3   Pauline;Darcis;premiere
```

DOC 4 Données au format CSV

1 • Les données

A Les données personnelles

Une **donnée** est un élément se rapportant à un objet, une personne ou un événement. Une **donnée personnelle** est une donnée identifiant directement ou indirectement une personne physique **(Doc 1)**.
Exemple Nom, numéro de téléphone, photographie, date de naissance, empreinte digitale, etc.

→ Exercice 4, p. 28

B Les métadonnées

Une **métadonnée** est une donnée particulière qui apporte des informations sur la donnée principale **(Doc 2)**.
Exemple Pour un fichier de musique, la donnée principale est la chanson et le nom de l'artiste ou le nom de l'album sont des métadonnées. → Activité 2, p. 16

2 • Les données structurées

A Les tables de données

On organise les données sous la forme d'un tableau appelé « **table de données** ». Une liste de **descripteurs** permet de caractériser les données. Un **objet** est un élément d'une table. Une collection regroupe des objets partageant les mêmes **descripteurs**. Les **valeurs** de tous les descripteurs d'un objet sont précisées. Les données sont alors dites « **structurées** » **(Doc 3)**.

Prénom	Nom	Âge
Antoine	Ledoux	15
Pauline	Darcis	16
Karim	Chanhoun	15
Sarah	Goldberg	14

DOC 3 Une table de données

B Formats et représentation des données

Les données sont organisées de manière à s'adapter à des traitements spécifiques. La manière dont elles sont organisées est le **format**. Les formats CSV, JSON et XML comptent parmi les plus utilisés.
Pour stocker des données au format CSV, on écrit les descripteurs sur la première ligne. Puis, sur les lignes suivantes, sont placées les valeurs des descripteurs pour chaque objet. Les mots sont séparés généralement par des points-virgules **(Doc 4)**. → Activité 3, p. 18

→ Exercice 5, p. 29

24 ■ Les données structurées

3 • Le traitement des données structurées

Le **traitement des données** peut être réalisé de diverses manières : recherche, tri, estimation, calcul, etc. Pour réaliser ces opérations, des phrases logiques, appelées « **requêtes** » sont exprimées dans un langage informatique. Le plus utilisé aujourd'hui est le SQL. Une requête est constituée de mots-clés dans un ordre précis **(Doc 5)**. → Activité 4, p. 20

DOC 5 Requête de tri

Exemple La requête ci-dessus sélectionne le nom des élèves de la table `Seconde7` qui ont plus de 15 ans et moins de 19 ans.
`Sélectionner nom dans Seconde7 avec age>15 et age<19`

Pour obtenir une information, il est courant de faire des requêtes sur plusieurs tables en même temps.
Exemple Cette requête fait la même chose que la précédente sur les tables `Seconde7` et `TS3`.
`Sélectionner nom dans Seconde7, TS3 avec age>15 et age<19`

→ Exercices 6 et 7, p. 29

4 • Les données dans le nuage (cloud)

A Le *cloud*

Le *cloud* ou **cloud computing** désigne l'accès à des ressources informatiques (stockage, logiciels, puissance de calcul, données) situées dans des serveurs informatiques distants par l'intermédiaire d'un réseau.
Il est possible d'automatiser le stockage de ses données sur le *cloud* en paramétrant la **synchronisation** des fichiers sur son ordinateur ou son téléphone. Le partage des données y est également facilité **(Doc 6)**.

DOC 6 Les outils collaboratifs de Google *cloud*

B L'impact du *cloud* sur la consommation énergétique

Avec l'augmentation de la quantité de données stockées et traitées dans les centres de données, ou *data centers*, le *cloud* est devenu un des premiers consommateurs d'électricité dans le monde. Les entreprises doivent adapter leurs technologies pour réduire leur impact écologique. → Activité 5, p. 22
Exemple Les centres de données consomment 10 % de l'électricité mondiale. Un centre de données consomme autant d'électricité que 30 000 habitants européens.

L'essentiel — Les données structurées

AUDIO
Je retiens l'essentiel
lienmini.fr/3389-106

Je retiens par le texte

❶ Les données
Une **donnée personnelle** permet d'identifier une personne directement, grâce à un **identifiant**, ou indirectement, par recoupement de plusieurs informations.
Les **métadonnées** donnent des informations sur des données principales.

❷ Les données structurées
Le **format d'un fichier** détermine la manière dont les données sont organisées. Les **descripteurs** d'un **objet** sont les caractéristiques choisies pour les décrire. Une **valeur** du descripteur est la valeur de la caractéristique correspondante.

❸ Le traitement de données structurées
Il est possible d'effectuer un **traitement** (recherche, tri, calcul) des données organisés en **tables**. On utilise des **requêtes** exprimées dans un langage informatique, comme le langage SQL.

❹ Les données dans le *cloud*
Le ***cloud computing*** permet l'utilisation à distance de ressources situées dans des serveurs informatiques. Le stockage automatique des données sur le *cloud* se fait par **synchronisation** des fichiers de l'ordinateur ou du téléphone.
Le flux de données dans le *cloud* est très important et pose des problèmes de sécurité et de surconsommation énergétique.

VOCABULAIRE

Cloud computing : utilisation de ressources situées dans des serveurs informatiques distants.

Descripteur : élément servant à décrire une donnée.

Données personnelles : informations identifiant une personne.

Format : type d'un fichier numérique.

Identifiant : code permettant d'identifier une personne.

Métadonnées : informations relatives à un fichier image, son, vidéo, etc.

Objet : élément d'une table de données.

Requête : texte composé de mots-clés permettant une action sur des données.

Synchronisation : copie des données stockées en local sur un serveur.

Table de données : données organisées en tableau.

Traitement de données : ensemble d'actions permettant d'extraire de l'information.

Valeur d'un descripteur : valeur d'une caractéristique d'un objet.

Je retiens par l'image

Les données personnelles

Les données structurées et leur traitement

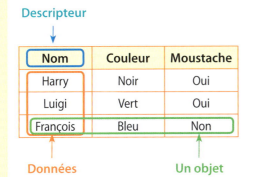

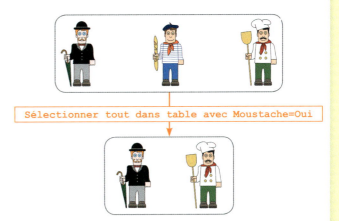

Les données dans le nuage *(cloud)*

Les données structurées ■27

EXERCICES

POUR VÉRIFIER SES ACQUIS

❶ Vrai ou faux ?

Identifier les propositions exactes.

a. Une donnée personnelle est une information que l'on refuse de partager.
b. Le format CSV est un format d'image.
c. Les descripteurs sont les valeurs des données.
d. Dans le format CSV, les séparateurs sont généralement des étoiles.
e. Avec une seule requête, il est possible d'interroger plusieurs tables à la fois.
f. Tout le monde a le droit de télécharger les données du site http://www.data.gouv.fr.

❷ QCM

Pour chaque proposition, identifier la bonne réponse.

a. Quel format est un format de données textuelles ?
☐ PNG
☐ AVI
☐ CSV

b. Le SQL est un :
☐ langage de manipulation de données.
☐ format de fichier vidéo.
☐ langage de programmation pour le Web.

c. Dans le fichier fruits.csv, « Kiwis » est :
☐ un descripteur d'une donnée.
☐ une valeur du descripteur « fruit ».
☐ un séparateur.

```
fruits.csv ✖
1  Code,fruit,PrixAuKg
2  1,Pommes,"3,15"
3  2,Poires,"2,38"
4  3,Kiwis,"5,15"
5  4,Cerise,"4,79"
```

d. Le *cloud computing* est :
☐ un moyen d'enregistrer des données sur son ordinateur.
☐ un logiciel de création musicale.
☐ un moyen de stocker des données à distance.

❸ Qui suis-je ?

Recopier et compléter les phrases.

a. Les informations donnant des précisions sur les données principales d'un fichier sont les … .
b. Une phrase logique permettant une recherche d'information dans une base de données est une … .
c. Pour automatiser le stockage des données sur le *cloud*, il faut paramétrer la … des fichiers sur son téléphone.

➡ *Vérifier vos réponses p. 188*

POUR S'ENTRAÎNER

❹ Données à caractère personnel   CAPACITÉ : Définir une donnée personnelle.

• Préciser dans chaque cas si les données sont personnelles ou non.

a. Nom
b. Âge
c. Adresse IP de l'ordinateur de la maison
d. Adresse IP de l'imprimante d'une entreprise
e. Localisation du smartphone
f. Numéro de sécurité sociale
g. Nombre d'employés dans une mairie
h. Nombre de likes d'une vidéo YouTube
i. Données médicales anonymées

5 Formats de données

CAPACITÉS : Identifier les principaux formats et représentations de données. Identifier les différents descripteurs d'un objet. Distinguer la valeur d'une donnée de son descripteur.

On a enregistré les données d'un répertoire téléphonique au format CSV et au format JSON.

Répertoire au format CSV

```
"nom";"numero";"adresse"
'Pierre';'0614122178';'5, rue du fort'
'Pauline';'0612166114';'18, rue de la poste'
'Kilian';'0664122432';'2, avenue des oeillets'
```

Répertoire au format JSON

```
{
    {
        'nom': 'Pierre',
        'numero': '0614122178',
        'adresse': '5, rue du fort'
    },
    {
        'nom': 'Pauline',
        'numero': '0612166114',
        'adresse': '18, rue de la poste'
    },
    {
        'nom': 'Kilian',
        'numero': '0664122432',
        'adresse': '2, avenue des oeillets'
    }
}
```

1. Quels sont les descripteurs du répertoire téléphonique ?

2. Quelles sont les différentes valeurs du descripteur `nom` ?

3. Écrire les fichiers CSV et JSON représentant les données du tableau suivant :

Aliment	Nutrinote	Calories/100g
Gaufre	C	291
Yaourt	A	65
Muesli	A	175
Pain de mie	B	234

6 Requête avec ordre
CAPACITÉ : Réaliser des opérations sur une ou plusieurs tables.

Les résultats d'une compétition se trouvent dans une table appelée `competition` ayant les descripteurs `nom`, `prenom` et `points`.

nom	prenom	points
Ledoux	Antoine	154

Pour afficher les noms des participants triés en fonction des points, en commençant par celui ayant le plus de points, le programmeur utilise la requête suivante.

`Sélectionner … dans … ordonner de manière … par …`

1. Recopier et compléter la requête avec des mots choisis dans la liste suivante : compétition – nom – points – croissante – décroissante – prenom.

2. Quelle requête faut-il écrire pour n'afficher que la liste des noms des participants ayant eu plus de 125 points ?

7 Comparer des requêtes
CAPACITÉ : Réaliser des opérations sur une ou plusieurs tables.

La table `Animaux` comporte 5 objets avec les descripteurs `nom`, `aliment` et `poids` (en kg).

Le tableau suivant donne les trois premières lignes du résultat de trois requêtes sur la table `Animaux`.

Requête 1	Requête 2	Requête 3
Jojo	Maurice	Max
Mago	Arthur	
Max	Félix	

Requête 1
`Sélectionner nom dans animaux avec aliment=banane`

Requête 2
`Sélectionner nom dans animaux ordonné par taille`

Requête 3
`Sélectionner nom dans animaux avec poids>150`

1. Citer un animal de plus de 150 kg.

2. Il y a dans la table 2 chimpanzés, 2 poissons, 1 chat et 1 gorille. Retrouver les noms associés à chaque espèce animale.

#LE NUMÉRIQUE ET VOUS

💬 DÉBATS — Les enjeux du *Big Data*

CAPACITÉ TRANSVERSALE :
Développer une argumentation dans le cadre d'un débat

LE DÉBAT
La collecte et le traitement de données massives représente-t-elle un progrès ou un danger ?

Image du film *I, Robot* (2004)

L'évolution des capacités de stockage, de traitement et de diffusion des données ainsi que le développement d'Internet et des médias sociaux provoquent une multiplication des données produites. De nouveaux outils apparaissent pour les exploiter. L'exploitation de données massives *(Big Data)* est en plein essor dans des domaines aussi variés que les sciences, la santé ou encore l'économie. Cela soulève de nombreuses questions liées aux principes de la démocratie, à la surveillance de masse ou encore à l'exploitation des données personnelles. Des films et séries ont anticipé les dangers du *Big Data*. Dans le film *I, Robot*, l'analyse de larges quantités de données conduit au contrôle des humains par les ordinateurs.

ACTIVITÉS
1. En quoi le *Big Data* représente-t-il un progrès pour notre société ?
2. Quels sont les risques en termes de sécurité ?
3. Le *Big Data* limite-t-il notre liberté ?

👥 EXPOSÉ — Le *cloud*

CAPACITÉS TRANSVERSALES :
Rechercher de l'information, apprendre à utiliser des sources de qualité, partager des ressources, coopérer au sein d'une équipe

Aujourd'hui, le développement du *cloud* offre de nouvelles opportunités. L'accès à d'importantes ressources en ligne ouvre des possibilités nouvelles aux entreprises et aux particuliers. Par exemple, le *cloud gaming* ou *Game on Demand* (GoD) est de plus en plus présent dans le monde du jeu vidéo. Il permet de jouer à des jeux vidéo sur des serveurs à distance. Cette évolution conduit également à améliorer la recherche sur la sécurité des données sur le *cloud* et à limiter l'impact écologique de son usage.

ACTIVITÉS
Réaliser par groupe de deux ou trois un exposé sur un des thèmes suivants :
1. L'évolution des usages du *cloud*.
2. Le *cloud gaming*
3. La mutation écologique des entreprises du *cloud*.
4. La sécurisation des données sur le *cloud*.

CAPACITÉS TRANSVERSALES :
Rechercher de l'information, apprendre à utiliser des sources de qualité

MINI-PROJET   Comment protéger nos données personnelles ?

Nos informations personnelles sont collectées en permanence par de nombreux organismes et entreprises. Ces données doivent être protégées afin d'éviter qu'elles soient utilisées sans notre accord ou pour nous nuire. Le Règlement général sur la protection des données (RGPD), entré en vigueur le 25 mai 2018, fixe le cadre européen concernant le traitement et la circulation des données à caractère personnel. Des textes de lois précisent nos droits et devoirs dans ce domaine. La loi informatique et liberté fixe le cadre juridique en France.

ACTIVITÉ

- Réaliser en groupe un document (affiche, page Web, diaporama, vidéo) pour présenter vos droits sur vos données personnelles et les devoirs des utilisateurs de ces données.

VIDÉO
Qu'est-ce que le RGPD ?
lienmini.fr/3389-109

CAPACITÉS TRANSVERSALES :
Rechercher de l'information, apprendre à utiliser des sources de qualité

MÉTIER   Business analyst

Le *business analyst* est la personne qui, au sein d'une entreprise, est chargée de faire le lien entre le service informatique et les autres départements. Il travaille en étroite collaboration avec tous les services en analysant les données de l'entreprise. Il doit écouter et comprendre les points de vue des différents intervenants et savoir communiquer avec la direction ainsi que les responsables des services ou les clients.

ACTIVITÉS

1. Que fait un *business analyst* ?
2. Dans quels secteurs travaillent essentiellement les *business analyst* ?
3. Quelles sont les compétences nécessaires pour occuper un poste de *business analyst* ?

VIDÉO
Découvrons le métier de *business analyst*
lienmini.fr/3389-110

Capacités attendues*

▶ Caractériser l'ordre de grandeur du trafic
et quelques types de réseaux physiques .... Activité 2 • p. 38

▶ Distinguer les protocoles IP et TCP,
distinguer la fiabilité de transmission
et l'absence de garantie temporelle,
caractériser les principes du routage et ses limites .... Activité 3 • p. 40

▶ Retrouver une adresse IP à partir d'une adresse symbolique .... Activité 4 • p. 42

▶ Décrire les réseaux pair-à-pair .... Activité 5 • p. 44

Bulletin officiel spécial, n° 1, 22 janvier 2019.

Internet est un réseau international de communication permettant l'échange de données.

THÈME 2

Internet

Pour commencer
une vidéo interactive

Internet : IP, un protocole universel ?

Répondez au quiz intégré à la vidéo.

lienmini.fr/3389-201

POUR TESTER SES CONNAISSANCES

→ *Vérifier vos réponses p. 188*

Pour chacune des questions, choisissez la bonne réponse à l'aide de vos connaissances.

1 Réseau informatique

❶ Un réseau informatique sert à :
a. photographier un paysage.
b. écrire un texte.
c. partager des données et des périphériques.

❷ Un réseau informatique local regroupe des ordinateurs :
a. qui ont accès à Internet.
b. éloignés géographiquement.
c. reliés au sein d'un même espace restreint.

❸ Un réseau informatique étendu est un :
a. réseau comprenant plusieurs machines.
b. réseau électrique permettant aux ordinateurs de fonctionner.
c. ensemble de réseaux de machine couvrant une grande zone géographique.

Un réseau local (à droite) et étendu : Internet (à gauche)

Un réseau informatique local est à l'échelle d'un bâtiment, d'une habitation. Un réseau étendu couvre une grande zone géographique, comme un pays, et réunit des réseaux locaux. Le plus connu est Internet.

2 Composants d'un réseau

❶ Un commutateur permet de relier :
a. un ordinateur à Internet.
b. plusieurs composants informatiques.
c. un smartphone à un ordinateur.

❷ Un routeur permet de relier :
a. plusieurs composants informatiques.
b. un smartphone à un ordinateur.
c. un ordinateur à Internet.

❸ Une borne Wifi connecte des composants informatiques au réseau local :
a. par fibre optique.
b. sans fil.
c. par un câble.

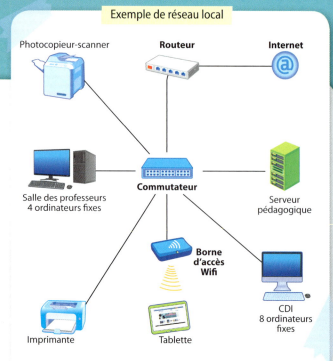

Exemple de réseau local

La borne Wifi, le commutateur et le routeur sont les composants du réseau qui servent à acheminer les données d'un ordinateur à un autre.

34 ■ Internet

Je me teste en ligne
lienmini.fr/3389-202

3 Échanges entre machine

1 Les données échangées entre deux ordinateurs au sein d'un réseau local sont :
a. envoyées par satellite.
b. codées sous la forme d'une suite de 0 et de 1, appelés « bit ».
c. codées de manière à être compréhensibles uniquement pour le destinataire.

2 La transmission des informations sur un réseau peut se faire par :
a. ondes radios.
b. clef USB.
c. télévision.

3 Les règles qui régissent les échanges sur Internet s'appellent :
a. le Wifi.
b. les protocoles.
c. les commutateurs.

Échanges de données entre machines

Ici toutes les machines sont connectées en Wifi *via* une box qui peut aussi leur donner accès à Internet. Elles échangent des bits selon des règles strictes appelées « protocoles ».

4 Internet, un réseau mondial

1 Internet est un :
a. logiciel qui permet de consulter des sites Web.
b. réseau informatique international.
c. protocole de transmission d'informations.

2 Un ordinateur est identifié sur le réseau Internet par une adresse :
a. Web.
b. postale.
c. comportant 4 nombres, l'adresse IP.

3 L'acheminement des données sur le réseau Internet passe par l'utilisation :
a. d'une adresse courriel.
b. d'adresses Web.
c. de différents routeurs.

Le routage de données sur Internet

Les informations s'échangent entre les routeurs en fonction de leurs destinations et de l'état des connexions. Par exemple, pour aller de la France à la Pologne, les données ne peuvent emprunter la connexion la plus directe *via* l'Allemagne qui est indisponible. Elles transiteront par d'autres pays, comme le Royaume-Uni.

ACTIVITÉ 1
Repères historiques

1961
Naissance de la communication par paquets

Dans les années 1950, l'US Air Force (armée de l'air américaine) cherche un moyen de communiquer, même en cas d'attaque nucléaire. L'Américain Paul Baran et le Britannique Donald Davies effectuent des recherches qui aboutissent en 1961. Leur solution est de découper les messages en **paquets** pouvant circuler à travers les multiples chemins d'un **réseau**. Ainsi, si un chemin est coupé, le paquet peut en prendre un autre et arriver à son destinataire.

Donald Davies est l'un des concepteurs de la notion de paquets.

1969
Les premiers réseaux d'ordinateurs

Les premiers réseaux d'ordinateurs datent de la fin des années 1950 comme le système de radar semi-automatique américain SAGE. En 1969, sous l'impulsion de l'informaticien américain Joseph Licklider, naît le réseau **Arpanet**. Pour la première fois, les données, découpées en paquets, transitent grâce à un **protocole de communication**, c'est-à-dire un ensemble de règles qui régissent les échanges. Paquet et protocole sont à la base d'**Internet**, ce qui fait d'Arpanet son ancêtre.

En 1969, Arpanet connecte quatre réseaux d'ordinateurs dans des universités américaines.

UCLA : Université de Californie Los Angeles   UTAH : Université de l'Utah
UCSB : Université de Californie Santa Barbara   SRI : Stanford Research Institute

1974
Naissance du protocole TCP

Vinton Cerf (à gauche) et Robert Kahn (à droite) récompensés en 2005 par le président George Bush pour avoir aidé à la création d'Internet.

Depuis Arpanet, les réseaux deviennent de plus en plus étendus ce qui nécessite des règles de communication plus élaborées. En 1974, les Américains Robert Kahn et Vinton Cerf inventent le protocole de communication *Transmission Control Program* qui s'occupe à la fois de la gestion des paquets (par exemple leur numérotation) et de la route qu'ils doivent suivre dans le réseau pour arriver à destination. Par la suite, ce protocole est scindé en deux, l'un gérant spécifiquement les paquets (*Transmission Control Protocol*) et l'autre les conduisant dans le réseau (*Internet Protocol*), et devient le **TCP/IP**.

36 ■ Internet

1989
Démocratisation d'Internet

Jusqu'à la fin des années 1980, Internet est un outil qui demeure très technique pour le grand public. Accéder à un ordinateur distant, y lire ou y déposer des données ne se fait pas encore en quelques clics de souris. Tout cela change avec l'arrivée du **Web** inventé par le Britannique Tim Berners-Lee. Internet et le Web sont donc deux choses différentes ! Internet est un gigantesque réseau d'ordinateurs. Le Web est constitué par les milliards de documents dispersés sur des millions d'ordinateurs et qui circulent sur Internet. Ces documents sont reliés les uns aux autres selon le principe de l'hypertexte : désormais, pour accéder à une information, il suffit de cliquer !

Tim Berners-Lee (à droite) et Vinton Cerf (à gauche) : l'un a inventé le Web, l'autre Internet.

VIDÉO 2:30
DÉCOUVRONS L'HISTOIRE D'INTERNET

lienmini.fr/3389-203

2008
Internet des objets

Aujourd'hui, ce ne sont plus seulement les humains qui sont connectés à Internet mais aussi toute sorte d'objets, des montres aux pacemakers en passant par des caméras et des ampoules. Depuis 2008, plus d'objets que d'humains sont connectés, donnant naissance à ce que l'on appelle l'« Internet des objets ». Selon les projections, en 2020, plus de 50 milliards d'objets seront connectés à Internet.

Aujourd'hui, tout type d'objet peut être connecté à Internet, comme ici, cette enceinte

2000

1982
Arrivée d'Internet

Internet n'est pas apparu d'un coup mais a émergé dans les années 1980. C'est en 1982 que le protocole TCP/IP est standardisé et commence à être installé sur des réseaux d'ordinateurs interconnectés qui vont progressivement former l'Internet. Les premières utilisations commerciales apparaissent à la fin des années 1980 (par exemple, les fournisseurs d'accès) tandis qu'Arpanet n'est plus utilisé à partir de 1990.

Câble sous-marin véhiculant les données d'Internet. Grâce à ces câbles, Internet est aujourd'hui un réseau étendu sur pratiquement toute la planète.

QUESTIONS

① Quelle innovation a permis de garantir l'acheminement des données dans un réseau ?

② À quoi servent les protocoles et dans quelle mesure ont-ils contribué au développement d'Internet ?

③ Quelle est la différence entre Internet et le Web ?

Voir **DICO SNT** p. 185

ACTIVITÉ 2

CAPACITÉ ATTENDUE :
Caractériser l'ordre de grandeur du trafic et quelques types de réseaux physiques

Les réseaux informatiques

Un réseau informatique est composé de machines connectées entre elles qui s'échangent des données. Internet est un réseau de réseaux de machines qui s'étend dans le monde entier.

? Comment les machines communiquent-elles ?

DOC 1 — L'évolution du trafic sur Internet

Chaque mois, il s'échange sur **Internet** de l'ordre de 168 millions de téraoctets (1 000 milliards d'**octets**) de données. Un téraoctet représente la capacité de stockage moyen d'un gros disque dur. En 1990, ce chiffre était seulement de l'ordre de 1 téraoctet.

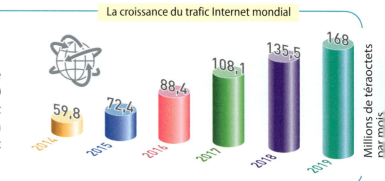

La croissance du trafic Internet mondial (Millions de téraoctets par mois) : 2014 : 59,8 ; 2015 : 72,4 ; 2016 : 88,4 ; 2017 : 108,1 ; 2018 : 135,5 ; 2019 : 168.

DOC 2 — Les causes de l'évolution du trafic

La croissance du trafic sur Internet est principalement due à la diffusion de vidéos haute définition, suivie par la vidéo à la demande et le **Web**. L'arrivée de la 5G avec un débit 100 fois supérieur à celui de la 4G va accentuer ce phénomène car il sera encore plus facile qu'aujourd'hui de regarder des vidéos HD sur son smartphone.

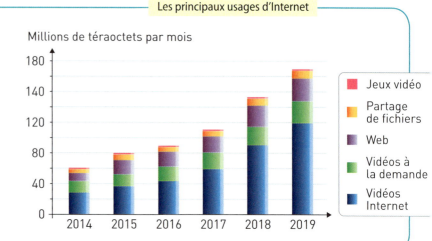

Les principaux usages d'Internet : Jeux vidéo, Partage de fichiers, Web, Vidéos à la demande, Vidéos Internet.

DOC 3 — Des clients et des serveurs

Sur un réseau, les machines échangent des données à l'aide de **requêtes** formulées par des programmes. Les machines ou programmes émettant ces requêtes sont appelés des **clients** et ceux qui y répondent, des **serveurs**.

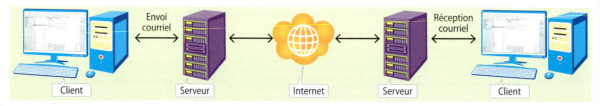

Client — Envoi courriel — Serveur — Internet — Serveur — Réception courriel — Client

Lorsque l'on expédie un courriel depuis son ordinateur, celui-ci est dans une position de client : il envoie une requête à un serveur afin qu'il expédie le courriel à travers Internet vers un autre serveur. Le destinataire, dont l'ordinateur est aussi en position de client, envoie alors une requête à ce dernier serveur pour récupérer le courriel.

DOC 4 La communication entre machines

Les machines d'un **réseau informatique** sont connectées par différents moyens. Il faut distinguer les logiciels, qui gèrent les échanges de données, des machines sur lesquelles ils sont installés. En un sens, Internet est indépendant du réseau physique car les logiciels permettent de passer d'un type de connexion à un autre, assurant ainsi la continuité des communications. Par exemple, un smartphone peut passer du **Wifi** d'une box à la 4G d'une antenne.

Dans une maison et son voisinage, nombre d'appareils du quotidien sont connectés entre eux et à Internet de diverses manières, filaires et non filaires. Ils forment ainsi un réseau.

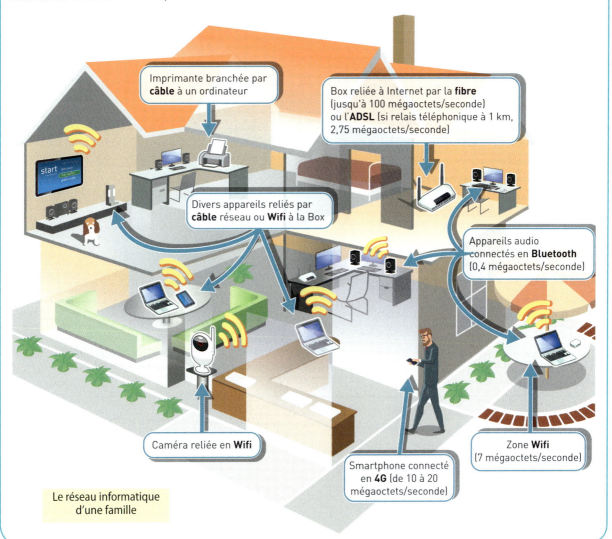

Le réseau informatique d'une famille

- Imprimante branchée par **câble** à un ordinateur
- Box reliée à Internet par la **fibre** (jusqu'à 100 mégaoctets/seconde) ou l'**ADSL** (si relais téléphonique à 1 km, 2,75 mégaoctets/seconde)
- Divers appareils reliés par **câble** réseau ou **Wifi** à la Box
- Appareils audio connectés en **Bluetooth** (0,4 mégaoctets/seconde)
- Caméra reliée en **Wifi**
- Smartphone connecté en **4G** (de 10 à 20 mégaoctets/seconde)
- Zone **Wifi** (7 mégaoctets/seconde)

QUESTIONS

① DOC 1. Qualifier l'évolution du trafic sur Internet.

② DOC 1 ET 2. Comment expliquer l'augmentation du trafic sur Internet ? Comment pensez-vous qu'il évoluera dans les années à venir ?

③ DOC 3. Si vous utilisez un moteur de recherche pour obtenir des informations, quel peut être le client ? le serveur ?

④ DOC 4. Décrire les différents types de connexion que vous utilisez chez vous.

⑤ CONCLUSION. Schématiser un petit réseau, comme celui de la salle informatique de votre lycée ou celui de votre domicile.

Voir **DICO SNT** p. 185

ACTIVITÉ 3

La circulation des données sur Internet

CAPACITÉS ATTENDUES :
Distinguer les protocoles IP et TCP
Distinguer la fiabilité de transmission et l'absence de garantie temporelle
Caractériser les principes du routage et ses limites

Communiquer sur un réseau social, télécharger de la musique, lire un article : toutes ces actions nécessitent l'échange de données sur le réseau Internet.

? Comment circulent les données sur Internet ?

VIDÉO
Comment Internet permet l'échange de données?
lienmini.fr/3389-204

DOC 1 — Le routage des paquets

Lorsque vous envoyez une image par Internet, ses bits ne circulent pas d'un bloc mais sont divisés en **paquets** d'une taille maximale de 1 500 octets. Ainsi, s'il y a un problème réseau, seuls les paquets perdus sont rechargés. Des machines réparties sur tout le réseau et appelées « **routeurs** » s'échangent les paquets. Une box Internet est un routeur échangeant des données entre votre domicile et le reste d'Internet. Ainsi, les principes du **routage** s'apparentent à ceux des bureaux de La Poste pour le courrier.

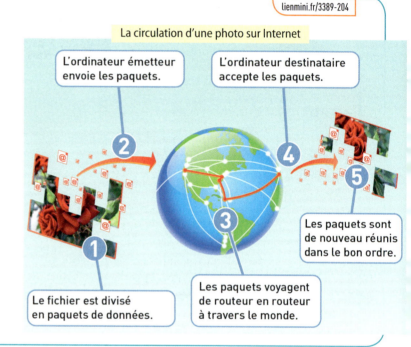

La circulation d'une photo sur Internet

① Le fichier est divisé en paquets de données.
② L'ordinateur émetteur envoie les paquets.
③ Les paquets voyagent de routeur en routeur à travers le monde.
④ L'ordinateur destinataire accepte les paquets.
⑤ Les paquets sont de nouveau réunis dans le bon ordre.

DOC 2 — Les limites du routage

Sur Internet, il n'y a pas qu'une seule route pour transmettre un paquet d'un ordinateur à un autre. Si un routeur tombe en panne, qu'il reçoit trop de paquets ralentissant les communications sur le réseau, le paquet peut le contourner en prenant un autre chemin.
Rien ne garantit qu'un paquet parviendra rapidement à destination.
La durée de vie d'un paquet est limitée afin qu'il ne tourne pas éternellement sur le réseau. Elle consiste en un nombre compris entre 1 et 255. Chaque fois qu'un paquet passe par un routeur, ce nombre décroît d'une unité. Lorsqu'il arrive à zéro, le paquet est détruit.

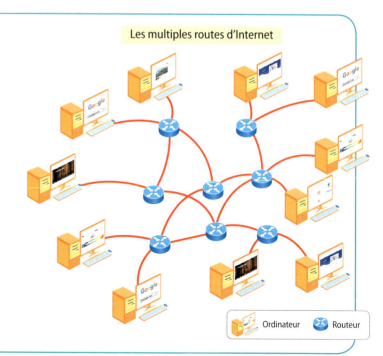

Les multiples routes d'Internet

Ordinateur — Routeur

40 ■ Internet

DOC 3 — Une adresse pour envoyer les paquets

Chaque machine connectée à Internet est identifiée sur le réseau grâce à son adresse **IP** *(Internet Protocole)*. Les plus simples se composent de quatre nombres compris entre 0 et 255. Il y a donc $256 \times 256 \times 256 \times 256 = 4\,294\,967\,296$ adresses de ce type possibles sur Internet. Elles indiquent aux routeurs où sont les machines sur le réseau pour leur envoyer des paquets. D'autres types d'adresses IP, plus complexes, sont progressivement mises en place afin d'augmenter le nombre d'adresses disponibles.

- On contacte, à l'aide de la commande *ping*, une machine située à l'adresse IP 78.109.84.114.
- La commande *ping*
- Durée de vie des paquets (TTL : *Time To Leave*)
- Elle répond en nous envoyant 4 paquets.

DOC 4 — Le transport des paquets

En plus des données que l'on veut transmettre, un paquet contient également des règles garantissant son acheminement : des **protocoles de communication**. Ces informations sont ajoutées au paquet sous forme de bits supplémentaires, des **en-têtes** :
– le protocole IP ajoute un en-tête contenant les adresses IP des ordinateurs émetteurs et récepteurs du paquet. Ce protocole gère le bon adressage des données ;
– le protocole **TCP** ajoute un en-tête qui permet, entre autres, de numéroter les paquets pour les réassembler dans l'ordre une fois transmis, de s'assurer que les données entre deux routeurs ne soient pas altérées, etc. Ce protocole gère donc le transport et l'intégrité des données.

Les protocoles TCP et IP

① Jean veut envoyer une photo à Fanny.

② Cette photo est découpée en paquets de 1 500 octets maximum.

③ À chaque paquet sont ajoutées les en-têtes IP et TCP.

En-tête IP	En-tête TCP	Données
Émetteur : 78.109.84.114 Destinataire : 213.163.169.49	N° 2569 sur 5623	01110001000110111001

QUESTIONS

① **DOC 1.** Quel est l'intérêt de la communication par paquet ?

② **DOC 2.** Comment et pourquoi la durée de vie d'un paquet évolue-t-elle au fil du temps ?

③ **DOC 3.** Que dire du nombre d'adresses IP actuellement disponibles compte tenu du nombre d'habitants sur la planète, soit plus de 7 milliards ?

④ **DOC 4.** Comment l'intégrité des données est-elle assurée lors de leur acheminement sur Internet ?

⑤ **CONCLUSION.** Décrire le transport des données d'un texte sur Internet.

Voir **DICO SNT** p. 185

Internet ■ 41

ACTIVITÉ 4

CAPACITÉ ATTENDUE :
Retrouver une adresse IP à partir d'une adresse symbolique

L'annuaire d'Internet

Pour s'adresser à une machine, il faut savoir où elle se trouve sur le réseau Internet et donc son adresse IP. Mais il est impossible de connaître toutes les adresses IP. Un annuaire permet d'accéder à cette information à partir d'une adresse dite « symbolique ».

? Comment fonctionne l'annuaire d'Internet ?

DOC 1 — L'adresse symbolique, plus facile à retenir

Pour un être humain, l'adresse IP d'une machine est difficile à retenir. On l'associe donc à une adresse symbolique : un texte compréhensible et facile à mémoriser. La correspondance entre adresse IP et adresse symbolique est enregistrée dans un annuaire, le *Domain Name System* (**DNS**). Il est organisé en **domaines** et sous-domaines, chacun correspondant à des ensembles et sous-ensembles d'adresses gérées en commun. Ainsi dans « wikipédia.org », « wikipédia » est un sous-domaine de « .org ». « wikipédia.org » correspond à l'IP d'une machine.

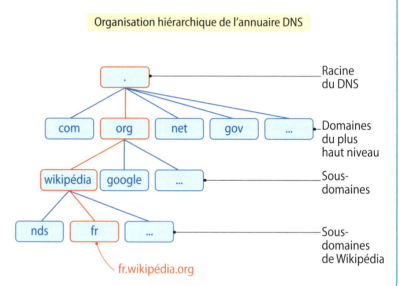

Organisation hiérarchique de l'annuaire DNS

DOC 2 — Le piratage du DNS

Pour communiquer entre elles, les machines qui permettent d'associer une IP à une adresse symbolique échangent des paquets d'informations. Si un pirate intercepte les paquets où se trouve une adresse IP, il peut remplacer celle-ci par l'IP de son ordinateur, ce qui lui permettra, par exemple, de récolter des données personnelles.

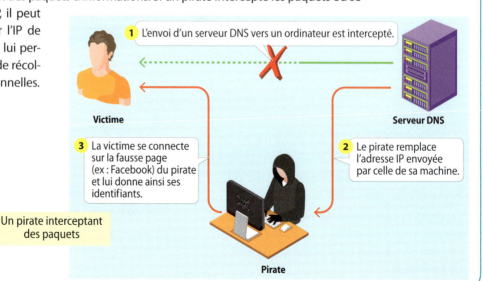

Un pirate interceptant des paquets

1. L'envoi d'un serveur DNS vers un ordinateur est intercepté.
2. Le pirate remplace l'adresse IP envoyée par celle de sa machine.
3. La victime se connecte sur la fausse page (ex : Facebook) du pirate et lui donne ainsi ses identifiants.

DOC 3 — Trouver une IP dans l'annuaire DNS

Lorsque vous tapez une adresse dans votre navigateur Web, comme « example.com », une requête est envoyée à un serveur de noms de domaine (DNS) qui détermine l'adresse IP de la machine hébergeant cette page sur le réseau. Étant donné le grand nombre d'adresses sur le réseau, un serveur donné ne peut connaître qu'une partie de l'annuaire. Pour retrouver une adresse IP, il va communiquer avec d'autres machines qui connaissent d'autres parties de l'annuaire.

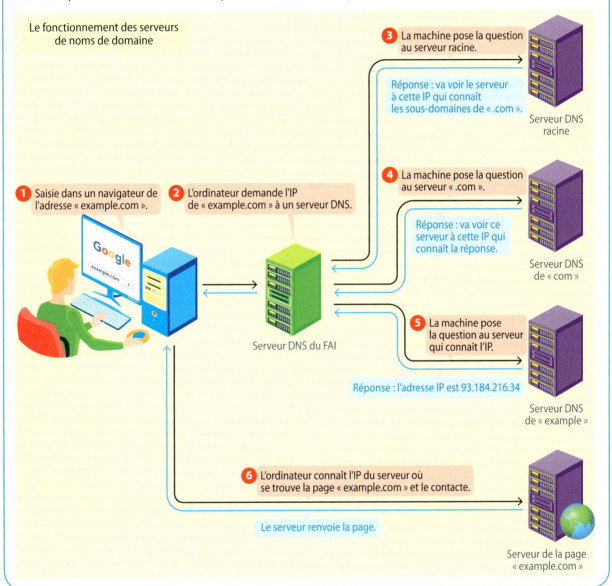

Le fonctionnement des serveurs de noms de domaine

❶ Saisie dans un navigateur de l'adresse « example.com ».

❷ L'ordinateur demande l'IP de « example.com » à un serveur DNS.

❸ La machine pose la question au serveur racine.
Réponse : va voir le serveur à cette IP qui connaît les sous-domaines de « .com ». — Serveur DNS racine

❹ La machine pose la question au serveur « .com ».
Réponse : va voir ce serveur à cette IP qui connaît la réponse. — Serveur DNS de « com »

❺ La machine pose la question au serveur qui connaît l'IP.
Réponse : l'adresse IP est 93.184.216.34 — Serveur DNS de « example »

❻ L'ordinateur connaît l'IP du serveur où se trouve la page « example.com » et le contacte.
Le serveur renvoie la page. — Serveur de la page « example.com »

Serveur DNS du FAI

QUESTIONS

① **DOC 1.** À quel domaine appartient l'adresse www.education.gouv.fr ? Comment connaître l'adresse IP correspondante ?

② **DOC 2 ET 3.** À quelles étapes du document 3 un pirate peut-il intercepter des paquets ?

③ **DOC 3.** Pourquoi peut-on dire qu'il faut une collaboration des serveurs de nom de domaine pour retrouver une adresse IP ?

④ **CONCLUSION.** Indiquez les principales étapes qui vous permettent de consulter www.education.gouv.fr lorsque vous saisissez son adresse symbolique dans votre navigateur.

Voir **DICO SNT** p. 185

ACTIVITÉ 5

CAPACITÉ ATTENDUE :
Décrire les réseaux pair-à-pair

Les réseaux pair-à-pair

Il existe différentes utilisations d'Internet. On peut, par exemple, y chercher des informations hébergées sur des serveurs ou envoyer des courriels. On peut aussi y échanger des fichiers, comme le permettent les réseaux pair-à-pair, parfois en toute illégalité.

? Quels usages et quelles limites pour le pair-à-pair ?

DOC 1 Les machines client et serveur

Dans un réseau **pair-à-pair** (de l'anglais *peer-to-peer* ou P2P), une machine est à la fois client et serveur. Elle peut envoyer des requêtes à d'autres machines comme elle peut y répondre. Pour cela, chaque machine est équipée d'un logiciel qui applique un protocole d'échange de données pair-à-pair avec d'autres machines munies du même protocole, formant ainsi un réseau pair-à-pair.
Le réseau 1 est pair-à-pair : chaque machine envoie et répond à des requêtes : elles sont donc à la fois client et serveur. Le réseau 2 n'est pas pair-à-pair. Seule la machine centrale répond aux requêtes envoyées par les machines clients autour d'elle.

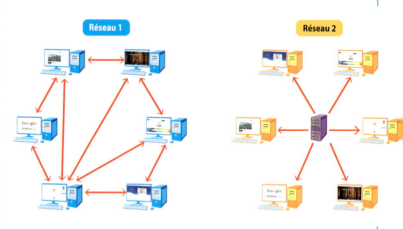
Réseau 1 Réseau 2

DOC 2 Le protocole BitTorrent

L'un des protocoles les plus connus d'échange de données sur un réseau pair-à-pair est le **BitTorrent**. Si l'on envoie une image par courriel, ses paquets sont transmis vers le récepteur depuis une source unique : l'ordinateur émetteur. Mais si l'on télécharge une image par BitTorrent, les paquets sont envoyés vers le récepteur depuis plusieurs sources, en l'occurrence tous les ordinateurs qui la possèdent en totalité ou en partie. Le téléchargement est donc beaucoup plus rapide et si la liaison vers un ordinateur s'interrompt, un autre prend la suite.

VIDÉO
La distribution d'un fichier pair-à-pair
lienmini.fr/3389-205

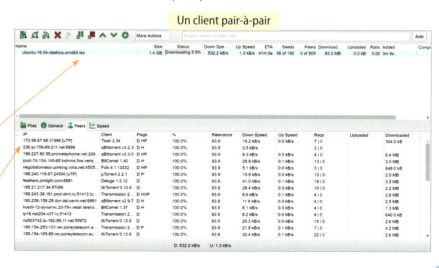
Un client pair-à-pair

- Fichier téléchargé
- IP des ordinateurs à partir desquels sont téléchargés les morceaux du fichier

44 ▪ Internet

DOC 3 — Les usages légaux du pair-à-pair

L'usage légal le plus connu du pair-à-pair est le téléchargement de fichiers par des particuliers, mais aussi par des sociétés commerciales qui transmettent, par exemple, leurs mises à jour logicielles par ce biais. D'autres usages existent, comme le développement de réseaux sociaux pair-à-pair tels que Matrix. Au lieu que toutes les informations des utilisateurs soient centralisées sur les serveurs d'une société privée qui peut alors facilement les exploiter, elles sont décentralisées sur toutes les machines des utilisateurs et ainsi difficilement accessibles.

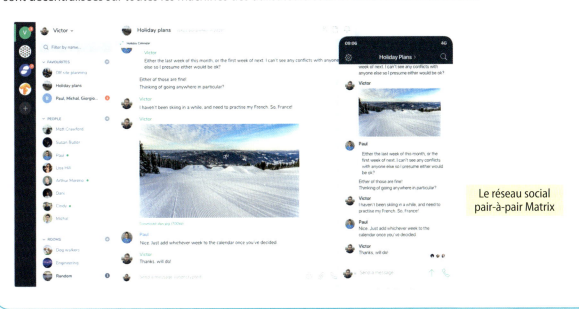

Le réseau social pair-à-pair Matrix

DOC 4 — Les usages illégaux du pair-à-pair

L'usage illégal principal du pair-à-pair est le téléchargement gratuit d'œuvres culturelles normalement payantes : films, musique et jeux vidéo. En France, la Hadopi (Haute Autorité pour la diffusion des œuvres et la protection des droits sur Internet) veille aux intérêts des titulaires de droits d'œuvres protégées au titre de la propriété intellectuelle.

Le pair-à-pair est l'un des trois modes de piratage pour télécharger des vidéos, le streaming étant le moyen le plus usité désormais.

Le piratage de vidéos

Nombre de téléchargements illégaux en milliers en France

Année	Pair-à-pair	Téléchargement direct	Streaming
2010	7 979	6 321	3 903
2011	7 428	5 797	4 746
2012	7 585	6 178	4 205
2013	6 798	6 533	5 425
2014	6 719	5 759	5 868
2015	5 861	7 670	5 868
2016	4 124	8 402	6 812
2017	5 469	7 137	7 845

QUESTIONS

① **DOC 1.** Qu'est-ce qui caractérise les machines d'un réseau pair-à-pair ?

② **DOC 2.** En quoi consiste le protocole BitTorrent ?

③ **DOC 3.** Quels peuvent être les intérêts du pair-à-pair ?

④ **DOC 4.** En quoi le pair-à-pair peut-il être illégal ?

⑤ **CONCLUSION.** Selon vous, le pair-à-pair est-il un danger ou une opportunité ?

Voir **DICO SNT** p. 185

COURS

Voir **DICO SNT** p. 185

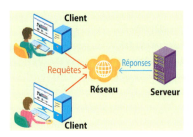

DOC 1 Un client envoyant une requête à un serveur

CONNEXION AVEC FIL	CONNEXION SANS FIL
Fibre optique : très haut débit, jusqu'à 100 mégaoctets/seconde	**4G** : pour la téléphonie, 10 à 20 mégaoctets/seconde
ADSL : utilise les lignes téléphoniques, environ 2,75 mégaoctets/seconde (dépend de la distance au relais téléphonique)	**Wifi** : jusqu'à 7 mégaoctets/seconde
	Bluetooth : pour connecter des appareils proches par ondes radios, 0,4 mégaoctet/seconde

DOC 2 Les connexions filaires et non filaires

1 • Les réseaux informatiques

A Définition d'Internet

Internet est un **réseau** de réseaux de machines dans lequel circulent des données, actuellement environ 168 millions de téraoctets par mois. Les machines échangent des informations à l'aide de **requêtes.** Un ordinateur qui émet une requête est appelée un **client**, celui qui y répond, un **serveur** **(Doc 1)**.

B Indépendance d'Internet par rapport au réseau physique

Les ordinateurs sont reliés entre eux par divers liens qui peuvent être filaires (fibre optique, ADSL, etc.) ou sans fil (**Wifi**, Bluetooth, etc.) **(Doc 2)**.
Internet est indépendant du réseau physique grâce à des **protocoles de communication** qui permettent de passer d'un type de connexion à un autre pour assurer la continuité des communications.
Exemple Un smartphone peut se connecter à Internet en passant du Wifi d'une box à la **4G** d'une antenne. → ACTIVITÉ 2, P. 38

2 • La circulation des données

A Les paquets

Les données sont découpées en **paquets** de **bits**. Des machines appelées **routeurs** guident ces paquets à travers le réseau jusqu'à leur destinataire où ils sont réassemblés. Lorsqu'un routeur reçoit un paquet, il lit l'adresse où il doit être envoyé et détermine ainsi le routeur auquel il doit passer le paquet pour qu'il arrive à bon port. Plusieurs chemins sont généralement possibles à travers les multiples liens d'un réseau et le routeur détermine le meilleur en fonction de l'encombrement du réseau ou encore de pannes éventuelles **(Doc 3)**.

→ EXERCICE 4, P. 50

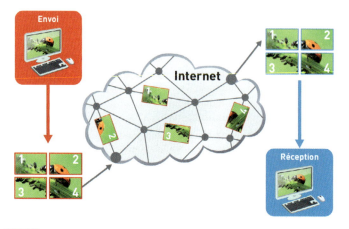

DOC 3 Des échanges de paquets de données

B Les protocoles IP et TCP

Ces transferts de données peuvent se faire sans erreur grâce à des protocoles de communication, c'est-à-dire des règles d'adressage, de transport et de contrôle d'intégrité des paquets. À chaque paquet qui circule sur Internet sont ajoutés des **en-têtes** (**IP** et **TCP**), c'est-à-dire des données supplémentaires correspondant à ces protocoles de communication **(Doc 4)**. → Activité 3, p. 40

→ Exercice 5, p. 51

En-tête IP (Internet Protocol)	En-tête TCP (Transmission Control Protocol)
• Indique les adresses IP (quatre nombres entre 0 et 255) de l'émetteur et du récepteur • S'assure que les paquets soient expédiés au bon endroit par les routeurs.	• Transport des données : contient le numéro du paquet qui permettra de l'assembler avec les autres dans le bon ordre • Intégrité des données : vérifie que les données ne sont pas altérées pendant leur circulation dans le réseau

DOC 4 Les en-têtes TCP/IP et leur rôle

3 • L'annuaire d'Internet

A L'annuaire DNS (Domain Name System)

On associe aux adresses IP des adresses symboliques qui sont de courts textes plus simples à retenir. La correspondance entre adresse IP et adresse symbolique est réalisée par l'annuaire **DNS**.
Exemple example.com correspond à l'IP 93.184.216.34

→ Exercice 6, p. 51

B Les serveurs DNS

L'annuaire DNS est réparti sur plusieurs machines car une seule ne pourrait pas connaître les milliards d'adresses d'Internet. Elles communiquent entre elles, les unes lançant des requêtes, les autres y répondant pour déterminer l'adresse IP de la machine où se trouve la page Web requise **(Doc 5)**. → Activité 4, p. 42

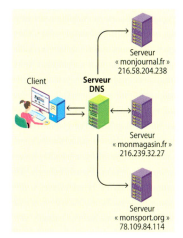

DOC 5 Un serveur DNS

4 • Les réseaux pair-à-pair

A Définition

Les ordinateurs d'un réseau **pair-à-pair** ont une spécificité : ils sont à la fois client et serveur et peuvent donc tous demander ou envoyer des informations. Ceci accélère les échanges de données et évite l'engorgement du réseau. Il existe plusieurs protocoles comme le **BitTorrent**. Il permet à des ordinateurs en réseau d'échanger des fichiers par bloc. Ils peuvent à la fois les recevoir – ils sont alors clients – et/ou les émettre – ils sont alors serveurs. Lorsqu'un ordinateur reçoit un bloc, il en devient automatiquement distributeur.

→ Exercice 7, p. 51

B Usage

L'un des usages les plus courants du pair-à-pair est l'échange, parfois illégal, de fichiers de musique, de vidéos, de jeux, etc. Certains gouvernements ont décidé de lutter contre ce phénomène, comme avec Hadopi en France. Mais le pair-à-pair a aussi des usages légaux.
Exemple On peut créer un réseau social dont les informations ne sont pas centralisées par une grande entreprise mais dispersées sur tous les ordinateurs du réseau. → Activité 5, p. 44

L'essentiel — Internet

AUDIO
Je retiens l'essentiel
lienmini.fr/3389-206

Je retiens par le texte

❶ Les réseaux informatiques

Internet est un **réseau** de réseaux d'ordinateurs où circulent des données. Les machines échangent des **requêtes**. Celles qui envoient les requêtes sont appelées **clients** et celles qui répondent **serveurs**. Leurs liens peuvent être filaires ou non.

❷ La circulation des données sur Internet

Les informations circulant sur Internet sont découpées en **paquets** de bits. Chaque paquet reçoit en en-tête les adresses **IP** de son émetteur et de son destinataire. Cette dernière est utilisée par les **routeurs** répartis sur tout le réseau qui se transmettent ainsi les paquets jusqu'à leur destinataire. C'est ce **protocole** IP qui assure donc l'envoi des paquets aux bons endroits. Les paquets reçoivent également un en-tête **TCP**, un protocole qui assure leur transport et leur intégrité.

❸ L'annuaire d'Internet

Une adresse IP, une série de chiffres, correspond à une adresse symbolique, sous forme textuelle et vice-versa. La correspondance entre adresses IP et symbolique se trouve dans l'annuaire **DNS**, un ensemble de données réparties sur des serveurs dans tout le réseau.

❹ Les réseaux pair-à-pair

Dans un réseau **pair-à-pair** (P2P), les machines émettent et répondent à des requêtes d'autres machines : elles sont à la fois client et serveur. Le P2P est parfois utilisé pour échanger des fichiers de manière illégale.

VOCABULAIRE

Client : programme envoyant une requête et, par extension, ordinateur sur lequel se trouve ce programme.

DNS : annuaire faisant la correspondance entre adresses symbolique et IP.

Internet : réseau de réseaux interconnecté de machines.

IP : 1. Protocole assurant l'envoi des paquets aux bonnes adresses. **2.** Adresse d'une machine sur le réseau Internet.

Pair-à-pair : protocole de communication entre des machines en réseau qui sont à la fois client et serveur.

Paquet : unité de données d'au maximum 1 500 octets.

Protocole de communication : ensemble de règles qui régissent les échanges de données.

Requête : demande d'information d'un client à un serveur.

Réseau informatique : ensemble de machines connectées entre elles.

Routeur : machine transmettant les données sur Internet pour qu'elles atteignent leur destination.

Serveur : programme répondant à une requête et, par extension, ordinateur sur lequel se trouve ce programme.

TCP : protocole assurant le transport et l'intégrité des paquets.

Je retiens par l'image

Internet, un réseau de réseaux

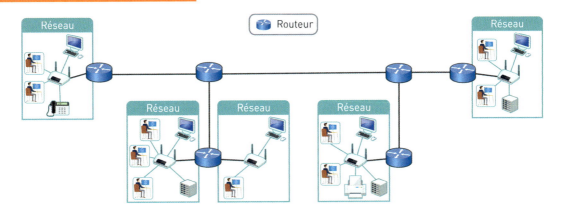

La circulation des données sur Internet

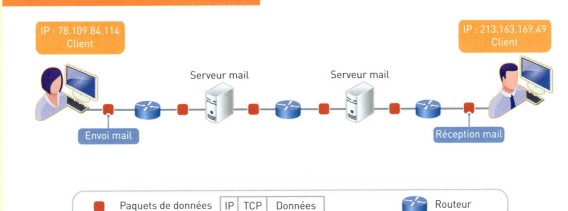

L'annuaire d'Internet

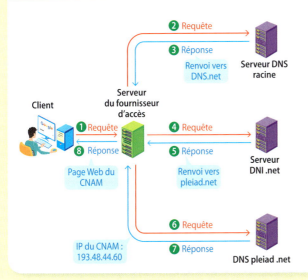

Les réseaux pair-à-pair

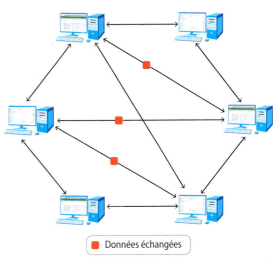

EXERCICES

POUR VÉRIFIER SES ACQUIS

QCM
Je me teste en ligne
lienmini.fr/3389-208

❶ Vrai ou faux ?

Identifier les propositions exactes.

a. Sur Internet, les données circulent par paquets.
b. L'annuaire DNS indique où sont physiquement localisées les machines.
c. Le BitTorrent est un protocole de communication.
d. Le protocole TCP/IP ne fonctionne que si l'on est connecté à Internet en Wifi.

❷ QCM

Pour chaque proposition, identifier la bonne réponse.

a. Un ordinateur qui émet des requêtes est un :
☐ serveur.
☐ client.
☐ ni l'un ni l'autre.

b. Une adresse IP correspond à :
☐ une suite de lettres.
☐ une adresse sur le réseau Internet.
☐ une adresse symbolique.

c. Dans un réseau pair-à-pair :
☐ il n'y a que des serveurs.
☐ il n'y a que des clients.
☐ toutes les machines peuvent être clients et serveurs.

❸ Qui suis-je ?

Recopier et compléter les phrases.

a. Dans un réseau, les … s'occupent d'orienter les … vers les machines cibles grâce à leur adresse.
b. Un paquet circule accompagné de deux en-têtes. L'une indique l'adresse d'un ordinateur et l'autre assure son acheminement, il s'agit du protocole … .
c. Dans un réseau pair-à-pair, les machines sont à la fois… et … .

➜ *Vérifier vos réponses p. 188*

POUR S'ENTRAÎNER

❹ Routage et durée de vie d'un paquet

CAPACITÉ : Caractériser les principes du routage et ses limites.

Les machines A à F sont reliées entre elles par des routeurs dont le nombre est indiqué sur chaque lien.

1. Que se passe-t-il si les routeurs entre les machines D et F sont inaccessibles ?

2. Déterminer le nombre minimum de routeurs qui relie la machine A à la machine F.

3. Déterminer le nombre minimum de routeurs qui relie la machine A à la machine F si les liens A-E, B-E et C-E sont cassés.

4. Sous la forme d'un tableau, regrouper toutes les possibilités de routage d'un paquet entre la machine A et la machine F, sans passer deux fois par le même chemin.

5. Quelle doit-être la durée de vie minimale d'un paquet pour qu'il transite de A à F en prenant le chemin le plus court ?

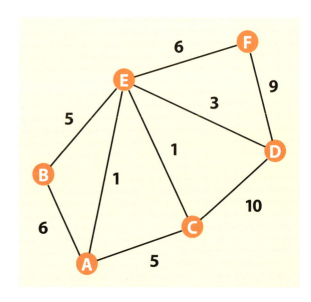

❺ TCP/IP

CAPACITÉ : Distinguer les protocoles IP et TCP.

• Recopier et compléter le tableau pour que les paquets de l'image ci-contre puissent aller de l'ordinateur de gauche à l'ordinateur de droite et que l'image y soit reconstituée.

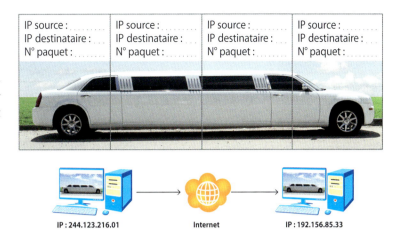

❻ Explorer un réseau   CAPACITÉ : Retrouver une adresse IP à partir d'une adresse symbolique.

Bob veut savoir s'il peut se connecter au site example.com. Pour cela, il utilise la commande *ping* qui envoie une requête vers le site qui répond en renvoyant des paquets de données.

```
C:\>ping example.com
Pinging example.com [93.184.216.34] with 32 bytes of data:
Reply from 93.184.216.34: bytes=32 time=93ms TTL=53
Reply from 93.184.216.34: bytes=32 time=92ms TTL=53
Reply from 93.184.216.34: bytes=32 time=96ms TTL=53
Reply from 93.184.216.34: bytes=32 time=91ms TTL=53
```

1. Identifier le numéro d'IP d'example.com. Correspond-il à la page ou à la machine qui l'héberge ?
2. Comment l'ordinateur fait-il le lien entre example.com et son adresse IP ?
3. Combien de paquets de 32 octets sont envoyés ? reçus ?

❼ Fonctionnement du BitTorrent   CAPACITÉ : Décrire les réseaux pair-à-pair.

On veut transmettre un fichier représenté par trois blocs 🟥🟧🟦 de l'ordinateur X vers tous les ordinateurs A, B et C grâce au protocole BitTorrent. Un bloc met 1 seconde pour aller d'un ordinateur à un autre, un ordinateur ne peut recevoir qu'un bloc à chaque seconde et 3 blocs maximum peuvent être transmis à chaque seconde. Au début, tous les blocs sont dans l'ordinateur X. La seconde d'après, X a transmis 3 blocs (fig. 1) comme indiqué par les flèches rouges.

1. Combien de secondes au minimum faut-il pour que la transmission des trois blocs vers tous les ordinateurs soit finalisée (fig. 1) ?

2. Les liens entre X-C et A-B ont été désactivés. La vitesse de transmission est-elle plus rapide ou plus lente dans la nouvelle structure de ce réseau pair-à-pair (fig. 2) ?

	Seconde 1	Seconde 2	Seconde 3
a reçoit le bloc	🟦 de X	🟧 de b	🟥 de c
b reçoit le bloc	🟥 de X	🟦 de a	🟥 de X
c reçoit le bloc	🟧 de X	🟦 de X	🟥 de a

Figure 1 : après 1 seconde, X a transmis 3 blocs

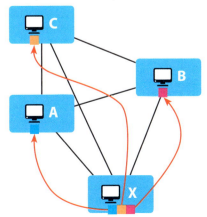

Figure 2 : tous les blocs sont en X

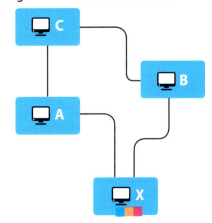

#LE NUMÉRIQUE ET VOUS

DÉBATS — La neutralité du Net

CAPACITÉ TRANSVERSALE :
Développer une argumentation dans le cadre d'un débat

LE DÉBAT
Doit-on contrôler Internet ?

La « neutralité du Net » est un principe qui veut que toutes les données reçoivent le même traitement, indépendamment de leur source, destination ou contenu. Ainsi, la vitesse de téléchargement d'une vidéo ne doit pas être intentionnellement moindre que celle de la page Web de votre réseau social préféré sinon il y a une restriction de la liberté du citoyen à accéder à certaines informations.

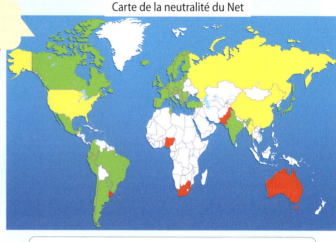

Carte de la neutralité du Net

- Protection de la neutralité
- Protection de la neutralité envisagée
- Sans protection de la neutralité
- Pas de position définie

ACTIVITÉS

1. La neutralité du Net est-elle toujours souhaitable ?
2. La neutralité du Net doit-elle faire partie de nos droits ?
3. Faut-il réguler la diffusion de vidéos sur Internet ?

MINI-PROJET — Attaque par déni de service

CAPACITÉS TRANSVERSALES :
Rechercher de l'information, apprendre à utiliser des sources de qualité

Une attaque par déni de service (*DDoS* en anglais) consiste à rendre un serveur incapable de répondre à des requêtes. En général, cela se fait en l'inondant de requêtes : comme un humain à qui des centaines de personnes poseraient des questions en même temps, le serveur n'est alors plus capable de répondre. Pour inonder un serveur de requêtes, on peut utiliser de nombreuses machines qui s'y connectent simultanément. Des pirates informatiques se sont ainsi spécialisés dans la fabrication d'armée de « zombies » qui peuvent être louées pour attaquer une cible. En particulier, les objets connectés sont mal sécurisés et des pirates peuvent pénétrer dans leur code pour en faire des zombies. Ainsi, le 21 octobre 2016, un grand nombre d'objets connectés infectés par le virus Mirai ont envoyé des dizaines de millions de requêtes sur les serveurs DNS gérés par la société Dyn, rendant inaccessible pendant une dizaine d'heures des sites comme Twitter ou Netflix.

ACTIVITÉ

- Réaliser en groupe un document (affiche, diaporama, page Web, vidéo) expliquant l'attaque contre l'annuaire DNS en détaillant notamment le phénomène des armées de « zombies » et les conséquences des attaques contre les serveurs racine du DNS.

EXPOSÉ — L'impact économique du pair-à-pair

L'impact économique du pair-à-pair est difficile à estimer. D'une part, le téléchargement illégal d'œuvres fait perdre de l'argent aux industries culturelles et aux artistes mais il faut noter qu'un produit piraté n'aurait pas forcément été vendu autrement. D'autre part, certaines entreprises utilisent le pair-à-pair pour faire circuler leurs données sur Internet (mises à jour logiciel, stockage dans le nuage, etc.), ce qui leur évite le coût des infrastructures de distribution puisque les ordinateurs des consommateurs s'en chargent.

CAPACITÉS TRANSVERSALES : Coopérer au sein d'une équipe, rechercher de l'information

Principaux types de contenus téléchargés en pair-à-pair (2017)

ACTIVITÉS

Réaliser par groupe de deux ou trois un exposé sur un des thèmes suivants :

1. Les victimes du téléchargement illégal.
2. Les bénéfices des usages légaux du pair-à-pair.
3. Synthèse schématique des usages licites et illicites du pair-à-pair.

VIDÉO — Un éditeur collaboratif pair-à-pair

lienmini.fr/3389-209

MÉTIER — Administrateur/administratrice réseau

CAPACITÉS TRANSVERSALES : Rechercher de l'information, apprendre à utiliser des sources de qualité

L'administrateur réseau veille sur les liens physiques et logiciels qui relient les machines d'un réseau (téléphonie comprise) et sa sécurité afin d'en assurer le bon fonctionnement et qu'il ne soit pas piraté. Il faut au minimum un BTS, avoir le sens du contact pour parler aux utilisateurs, être mobile car le réseau physique peut-être dispersé géographiquement et se tenir informé des dernières innovations.

L'administrateur d'un réseau ne s'occupe pas que de sa partie physique mais veille également à ce que chacun puisse s'y connecter avec ses logiciels.

ACTIVITÉS

1. Dans quels secteurs d'activités trouve-t-on des administrateurs réseau ?
2. Citer les principales fonctions d'un administrateur réseau.
3. Quelles études doit-on faire pour devenir administrateur réseau ?

VIDÉO — Découvrons le métier d'administrateur réseau

lienmini.fr/3389-210

Capacités attendues*

▶ Décomposer l'URL d'une page, décomposer le contenu d'une requête HTTP, inspecter le code d'une page hébergée par un serveur .... **Activité 2 • p. 60**

▶ Distinguer ce qui relève du contenu d'une page de son style de présentation, étudier et modifier une page HTML simple, maîtriser les renvois d'un texte à différents contenus .... **Activité 3 • p. 62**

▶ Mener une analyse critique des résultats d'un moteur de recherche, comprendre les enjeux de la publication d'informations .... **Activité 4 • p. 64**

▶ Maîtriser les réglages les plus importants d'un navigateur, sécuriser sa navigation, reconnaître les pages sécurisées, connaître certaines notions juridiques .... **Activité 5 • p. 66**

* Bulletin officiel spécial, n° 1, 22 janvier 2019.

Il y a près de 2 milliards de sites sur le Web.

THÈME 3

Le Web

Pour commencer
une vidéo interactive

▶ Site Internet ou site Web ?

5:18

Répondez au quiz intégré à la vidéo.

lienmini.fr/3389-301

POUR TESTER SES CONNAISSANCES

→ Vérifier vos réponses p. 188

Pour chacune des questions, choisissez la bonne réponse à l'aide de vos connaissances.

1 Web

1 Qu'est-ce que le Web ?
a. Un réseau mondial d'ordinateurs connectés.
b. Un des services d'Internet.
c. Un moteur de recherche.

2 Que signifie le sigle « www » ?
a. Wild Wide World.
b. Word Wide Web.
c. World Wide Web.

3 Parmi ces trois adresses Web, laquelle a la bonne syntaxe ?
a. http:/www.reverso.net/
b. https//www.reverso.net/
c. http://www.reverso.net/

La barre d'adresse d'un navigateur

Le *World Wide Web*, la « toile (d'araignée) mondiale », communément appelé « le Web », est une sous-partie d'Internet constituée de pages reliées entre elles par des liens hypertextes. On accède à ces pages par des adresses symboliques.

2 Navigateurs

1 Parmi ces logiciels, lequel n'est pas un navigateur ?
a. Chrome.
b. Firefox.
c. Writer.

2 Quel est le rôle d'un navigateur ?
a. Accéder aux pages Web.
b. Saisir du texte pour le mettre en forme.
c. Retoucher des images.

3 Quelle est la fonction d'un raccourci Internet (favoris, marque-pages, etc.) ?
a. Enregistrer l'historique de navigation.
b. Lancer le navigateur à partir d'une icône du bureau.
c. Mémoriser l'adresse d'une page Web.

Logos de navigateurs

Firefox

Edge

Chrome

Safari

Un navigateur est un logiciel conçu pour consulter et afficher des sites Web. Les plus utilisés sont Firefox, Edge, Chrome et Safari. Parmi les différents menus des navigateurs, l'onglet *Favoris* permet d'accéder rapidement aux pages préférées.

3 Liens hypertextes

1 Qu'est-ce qu'un lien hypertexte ?
a. Un raccourci Internet.
b. Une zone d'une page Web sur laquelle on peut cliquer.
c. Une action pour enregistrer sa page Web.

2 La source d'un lien hypertexte est généralement :
a. un texte ou une image.
b. un fichier musical.
c. une vidéo.

3 Parmi ces caractéristiques sur les liens hypertextes, laquelle est exacte ?
a. Ils sont en majuscules.
b. Ils prennent souvent une couleur dans les pages Web.
c. Ils sont en italique.

La première page Web en 1991

World Wide Web

The WorldWideWeb (W3) is a wide-area hypermedia information retrieval initiative aiming to give universal access to a large universe of documents.

Everything there is online about W3 is linked directly or indirectly to this document, including an executive summary of the project, Mailing lists , Policy , November's W3 news , Frequently Asked Questions .

What's out there?
    Pointers to the world's online information, subjects , W3 servers, etc.
Help
    on the browser you are using
Software Products
    A list of W3 project components and their current state. (e.g. Line Mode ,X11 Viola , NeXTStep , Servers , Tools , Mail robot Library)
Technical
    Details of protocols, formats, program internals etc
Bibliography
    Paper documentation on W3 and references.
People
    A list of some people involved in the project.
History
    A summary of the history of the project.
How can I help ?
    If you would like to support the web..
Getting code
    Getting the code by anonymous FTP , etc.

Un lien hypertexte permet d'atteindre un autre endroit de la page, une autre page du site ou un autre site.

4 Protection de la vie privée sur le Web

1 On accède à la liste de tous les sites visités par :
a. le menu *Favoris*.
b. le menu *Historique*.
c. la barre de raccourcis.

2 La navigation privée permet :
a. de ne pas laisser de traces sur Internet.
b. de restreindre la navigation à un réseau local.
c. d'enregistrer son passage sur toutes les pages Web.

3 Lorsque l'on fait une recherche sur Internet :
a. personne ne le sait, à part la personne elle-même.
b. des traces sont conservées dans des serveurs et sont parfois utilisées à des fins commerciales.
c. des traces sont conservées pendant un certain temps.

Un historique de navigation

Pour préserver sa vie privée et sa confidentialité, tous les navigateurs possèdent une commande pour supprimer son historique de navigation ou choisir la navigation privée.

Le Web • 57

ACTIVITÉ 1
Repères historiques

1965
Naissance du concept d'hypertexte numérique

En 1965, le sociologue américain Ted Nelson publie le concept d'hypertexte numérique : un texte numérique contenant des liens vers d'autres textes numériques ainsi interconnectés. Aujourd'hui, un **lien hypertexte** désigne un lien cliquable permettant de naviguer d'une information à l'autre dans des pages **Web**. La source du lien peut être du texte comme des images, des vidéos ou des sons.

Ted Nelson, inventeur du concept d'hypertexte numérique

1989
L'invention du Web

En 1989, l'informaticien britannique Tim Berners-Lee cherche un moyen pour que les physiciens du CERN (Conseil Européen pour la Recherche Nucléaire), où il travaille, puissent communiquer et partager des informations à travers le réseau informatique. Il propose alors d'utiliser le principe de l'hypertexte sur Internet, donnant ainsi naissance au *World Wide Web* : une collection de documents électroniques accessibles sur Internet et entre lesquels on peut naviguer en cliquant sur des liens hypertextes. Web et Internet sont donc aussi différents qu'une peinture et son support, la toile !

Tim Berners-Lee, inventeur du Web

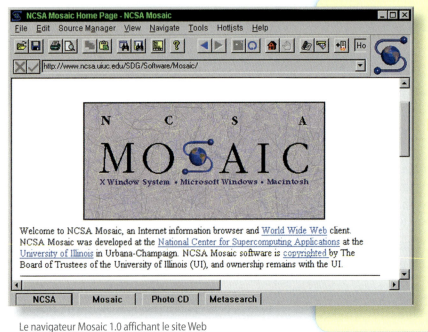

Le navigateur Mosaic 1.0 affichant le site Web de Mosaic Communications Corporation

1993
Le premier navigateur

Pour lire des pages Web, il faut une application : c'est le **navigateur**. Développé aux États-Unis, à l'université d'Urbana–Champaign, Mosaic est le premier navigateur à avoir popularisé le Web. D'autres ont existé avant lui dont un écrit par Tim Berners-Lee. Cependant l'ergonomie et la capacité de Mosaic à afficher des images alignées avec un texte et sa compatibilité avec le système d'exploitation Windows l'imposent au grand public.

Un Web interactif et dynamique

Le premier langage du Web est le **HTML** inventé par Tim Berners-Lee en 1991. Il ne permet alors que de spécifier le titre d'une page, des hyperliens et la structuration d'un texte (sous-titres, listes, etc) : les pages sont statiques. En 1993, le navigateur Mosaic introduit des images et des formulaires que l'on peut remplir dans des pages désormais interactives. Par la suite, elles s'enrichissent intégrant des langages comme PHP et JavaScript publiés en 1995 et qui les rendent dynamiques. En 2001, les pages sont standardisées grâce au DOM *(Document Object Model)* qui présente les pages selon une structure en arbre.

Le World Wide Web Consortium veille à la compatibilité des différentes technologies du Web

Nombre de sites Web de 2000 à 2017

Plus d'un milliard de sites Web

En septembre 2014, la barre du milliard de sites Web est franchie pour la première fois et elle se stabilise au-dessus de ce seuil à partir de mars 2016. En 2017, on compte près de 1,8 milliard de sites dont les trois quarts sont inactifs. Cette prolifération de sites Web a été soutenue par leur accessibilité *via* le développement d'applications mobiles dès les années 1990.

1995   **2000**   **2014**

1994
Naissance du commerce en ligne

On trouve les premières traces de commerce en ligne en 1971 sur l'Arpanet où des étudiants vendent à d'autres étudiants des produits illicites. En 1982, la France permet l'achat en ligne *via* le Minitel, une sorte d'ancêtre du Web entièrement textuel et accessible via les lignes téléphoniques. Mais c'est à partir de 1994 que le commerce en ligne prend son envol avec la première transaction sécurisée pour l'achat d'un album du chanteur Sting.

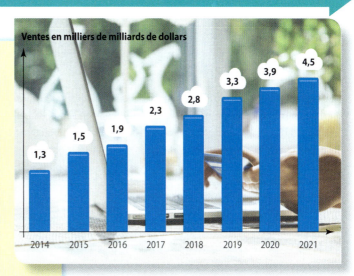

Évolution du commerce en ligne dans le monde depuis 2014 et projection jusqu'en 2021

QUESTIONS

① Qu'est-ce qu'un lien hypertexte ? Quelle peut être sa source ?

② Résumer les liens existant entre l'hypertexte, les pages Web et les navigateurs.

③ Citer des différences entre pages Web statiques et dynamiques.   Voir **DICO SNT** p. 185

ACTIVITÉ 2

CAPACITÉS ATTENDUES :
Décomposer l'URL d'une page
Décomposer le contenu d'une requête HTTP
Inspecter le code d'une page hébergée par un serveur

Le fonctionnement du Web

Le Web désigne un ensemble de données reliées entre elles par des liens hypertextes et accessibles sur Internet, formant ainsi une gigantesque « toile d'araignée » mondiale.

? Comment fonctionne le Web ?

DOC 1 — La composition d'une URL

Les sites Web ont une structure en arborescence comme ci-contre. Une ressource (page, photo…) peut se trouver dans un dossier, lui-même situé dans un autre dossier et ainsi de suite.

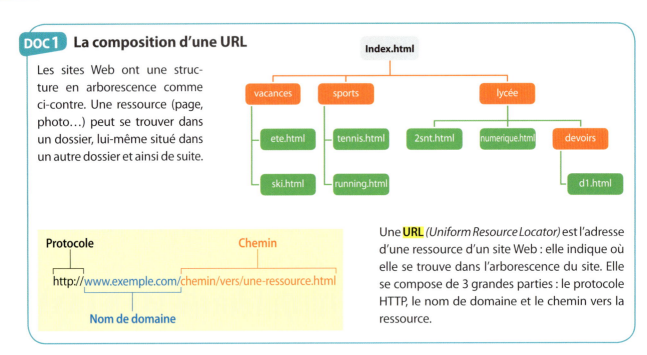

Une **URL** *(Uniform Resource Locator)* est l'adresse d'une ressource d'un site Web : elle indique où elle se trouve dans l'arborescence du site. Elle se compose de 3 grandes parties : le protocole HTTP, le nom de domaine et le chemin vers la ressource.

DOC 2 — Les requêtes HTTP

Le Web s'appuie sur un dialogue entre clients et serveurs. Les clients sont les applications qui se connectent au Web, comme les navigateurs, qui envoient des requêtes **HTTP** *(HyperText Transfert Protocol)* aux serveurs où sont stockées les données. HTTP est le protocole qui permet aux ordinateurs de communiquer entre eux.

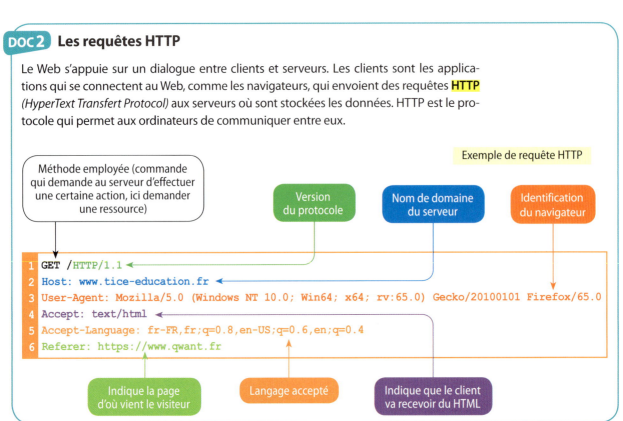

60 — Le Web

DOC 3 · L'interaction client-serveur

Lorsque l'on effectue une requête HTTP sur notre navigateur, le **serveur** Web lui renvoie du code que le navigateur interprète et met en forme de manière lisible. Les **clients** peuvent recevoir des codes exécutables, comme le JavaScript, qui permettent de rendre les pages plus dynamiques. Ainsi, ce que nous voyons sur notre écran est le résultat d'une interaction constante entre le serveur et le client.

VIDÉO
Le modèle client-serveur
lienmini.fr/3389-304

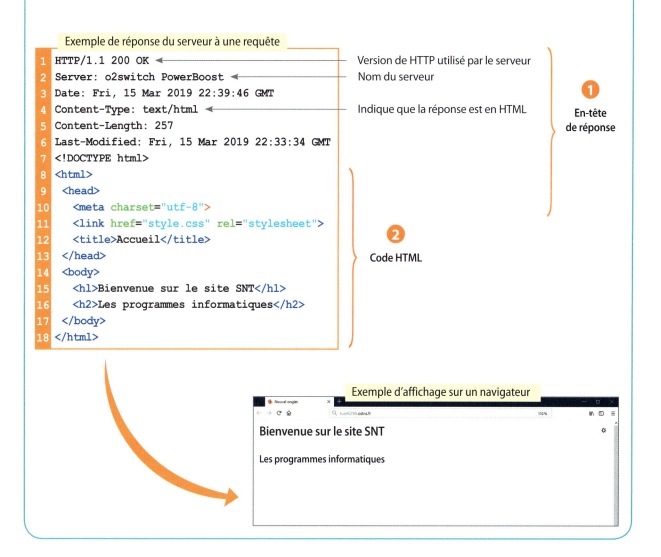

QUESTIONS

① **DOC 1.** Distinguer les trois parties de l'URL suivante : http://eduscol.education.fr//actualites/article/sciences-numerique-technologie.html

② **DOC 2.** Quelle est la provenance du visiteur de la page ?

③ **DOC 3.** Quelle partie de la réponse du serveur s'affiche sur l'écran du navigateur ?

④ **CONCLUSION.** Comment peut-on décrire simplement le fonctionnement du Web ?

Voir **DICO SNT** p. 185

ACTIVITÉ 3

L'écriture d'une page Web

CAPACITÉS ATTENDUES :
Distinguer ce qui relève du contenu d'une page de son style de présentation
Étudier et modifier une page HTML simple
Maîtriser les renvois d'un texte à différents contenus

Une page Web est constituée de deux éléments distincts : le code HTML pour la structure et la feuille de style CSS pour la présentation.

? Comment est écrite une page Web ?

VIDÉO
À quoi sert le HTML ?
lienmini.fr/3389-305

DOC 1 — Le langage HTML

Le langage **HTML** *(HyperText Markup Language)* permet de structurer et de mettre en forme les éléments d'une page Web. Il s'écrit avec des **balises** qui fonctionnent toujours par deux : la balise d'ouverture et la balise de fermeture.

HTML d'un site Web sur le lycée

```html
1  <!DOCTYPE html>         ← Indique au navigateur que la page est en HTML
2  <html>                  ← Balise ouvrante
3    <head>
4      <meta charset="utf-8">
5      <title>Le lycée</title>          En-tête (head) : informations
6      <link rel="stylesheet"           générales sur le document qui ne
7      href="style.css">                s'affichent pas dans le navigateur
8    </head>
9    <body>
10     <h1>Les Classes de Seconde</h1>
11     <ul>
12       <li>La seconde</li>
13       <ul>                           Corps (body) : contenu de la page
14         <li>Générale</li>            (textes, images, liens)
15         <li>Professionnelle</li>
16       </ul>
17     </ul>
18   </body>
19 </html>                 ← Balise fermante
```

DOC 2 — Le langage CSS

Le langage **CSS** *(Cascading Style Sheets)* permet de définir des feuilles de style, c'est-à-dire le style graphique d'une page Web (arrière-plan, type et taille des polices de caractères, bordures, etc.).

```css
1  body {                                    Indique que le style ci-dessous correspond au texte courant
2    background-color: white;                Couleur du fond : blanc
3    font-family: "Open Sans", sans-serif;   Nom de la police de caractère : OpenSans
4    padding: 5px 25px;
5    font-size: 18px;                        Taille de la police : 18
6    margin: 0;
7    color: #C8C8C8;                         Couleur de la police : gris (code #C8C8C8)
8  }
9
10 h1 {                                      Indique que le style ci-dessous
11   font-family: "Merriweather", serif;     correspond aux titres de niveau 1
12   font-size: 32px;
13 }
```

Une feuille de style CSS

VIDÉO
À quoi servent les CSS ?
lienmini.fr/3389-306

62 ■ Le Web

DOC 3 | Le couple HTML-CSS

Une page Web est écrite à partir de deux langages de description : le HTML et le CSS. La modification d'un élément de la feuille de style CSS se répercute automatiquement à toutes les pages HTML liées à cette feuille. La feuille de style est liée à une page Web par la balise unique <link rel="stylesheet" href="style.css"> qui se trouve dans l'en-tête du fichier HTML.

Code CSS

```
1  body {
2    background-color: white;
3    font-family: "Open Sans", sans-serif;
4    padding: 5px 25px;
5    font-size: 18px;
6    margin: 0;
7    color: #444;
8  }
9
10
11 h1 {
12   font-family: "Merriweather", serif;
13   font-size: 32px;
14 }
15 h2 {
16   font-family: "Merriweather", serif;
17   font-size: 24px;
18 }
19 .fondbleuclair {
20   background-color: lightblue;
21 }
```

Code HTML

```
1  <!DOCTYPE html>
2  <html>
3    <head>
4      <meta charset="utf-8">
5      <title>Structure fichier HTML</title>
6      <link href="style.css" rel="stylesheet">
7    </head>
8  <body>
9    <div>
10     <h1 align="center">Le Web</h1>
11     <h2>Le langage CSS</h2>
12     <p> Il permet de définir des feuilles de style dans
         un fichier distinct du document HTML.
13     </p>
14       <p><strong><a href="https://www.w3schools.com/
         css/">En savoir plus</a></strong></p>
15     </div>
16   </body>
17 </html>
```

Page Web

Le Web

Le langage CSS

Il permet de définir des feuilles de style dans un fichier distinct du document HTML.

En savoir plus

Code CSS (modifié)

```
1  body {
2    background-color: dodgerblue;
3    font-family: "Open Sans", sans-serif;
4    padding: 5px 25px;
5    font-size: 18px;
6    margin: 0;
7    color: #444;
8  }
9
10
11 h1 {
12   font-family: "Merriweather", serif;
13   font-size: 48px;
14 }
15 h2 {
16   font-family: "Merriweather", serif;
17   font-size: 36px;
18 }
19 .fondbleuclair {
20   background-color: lightblue;
21 }
```

Code HTML

```
1  <!DOCTYPE html>
2  <html>
3    <head>
4      <meta charset="utf-8">
5      <title>Structure fichier HTML</title>
6      <link href="style.css" rel="stylesheet">
7    </head>
8  <body>
9    <div>
10     <h1 align="center">Le Web</h1>
11     <h2>Le langage CSS</h2>
12     <p> Il permet de définir des feuilles de style dans
         un fichier distinct du document HTML.
13     </p>
14       <p><strong><a href="https://www.w3schools.com/
         css/">En savoir plus</a></strong></p>
15     </div>
16   </body>
17 </html>
```

Page Web

Le Web

Le langage CSS

Il permet de définir des feuilles de style dans un fichier distinct du document HTML.

En savoir plus

DOC 4 | Les liens hypertextes

Un lien **hypertexte** permet un renvoi à un autre endroit d'une page Web, à une autre page du site ou un autre site. La source d'un hyperlien est généralement un mot ou un groupe de mots, mais peut également être une image. Pour mettre en place ces liens, on utilise le HTML.

Extrait d'un site Web

Vous avez des questions à nous poser ?
Nous sommes à votre écoute : cliquez sur le lien ci-dessous pour accéder au formulaire de contact.

Nous contacter

Code HTML du lien hypertexte "Nous contacter"

```
1  <a href="formulaire.html">Nous contacter</a>
2  Balise hypertexte  Nom du fichier appelé  Texte cliquable
```

QUESTIONS

1 DOC 1. Écrire le contenu de la page HTML tel qu'il s'afficherait sur un navigateur.

2 DOC 1. Compléter la page HTML en ajoutant le titre « La classe de première » au même niveau que « Les Classes de Seconde »

3 DOC 2. Quel est le nom et la taille de la police de caractère pour les titres de niveau 1 ?

4 DOC 3. Quelle différence constatez-vous entre les deux versions du site Web et d'où vient-elle ? Quel changement aurait-il fallu faire pour afficher le titre *Le Web* en taille 54 ?

5 DOC 4. Vers quelle page pointe le lien hypertexte « Nous contacter » ?

6 CONCLUSION. Comment les pages Web sont-elles écrites ?

Voir **DICO SNT** p. 185

Le Web ■ 63

ACTIVITÉ 4

CAPACITÉS ATTENDUES :
Mener une analyse critique des résultats d'un moteur de recherche
Comprendre les enjeux de la publication d'informations

Le fonctionnement d'un moteur de recherche

Les moteurs de recherche permettent de trouver des informations dans des pages dont on ne connaît pas l'adresse, voire dont on ignore l'existence.

? Comment les moteurs de recherche fonctionnent-ils ?

DOC 1 Les étapes du fonctionnement d'un moteur de recherche

Les **moteurs de recherche** fonctionnent en trois temps. D'abord, l'exploration consiste à faire parcourir le Web par des robots pour collecter des informations sur les pages Web. Puis, c'est l'indexation : les données sont analysées et classées dans des bases de données afin de permettre leur exploitation. Enfin, un internaute effectue une requête. Un **algorithme** est appliqué pour identifier dans l'index les sites qui correspondent le mieux aux mots-clés de la recherche.

Fonctionnement d'un
MOTEUR DE RECHERCHE

Exploration du Web

Scan des pages :
des robots *(crawlers)* explorent le Web en suivant les liens entre les pages.

Recherche de l'internaute

L'internaute tape sa requête dans le moteur de recherche.

La requête est envoyée au serveur de stockage.

Indexation des pages Web

Analyse des pages :
les mots-clés sont listés, classés et enregistrés sur des serveurs qui stockent toutes les données.

La pertinence de la page est analysée selon des algorithmes.

Les mots-clés sont comparés aux listes établies après le passage des *crawlers*.

Les pages sont proposées à l'internaute, triées par qualité et pertinence.

64 ■ Le Web

DOC 2 — Le classement des sites

Les résultats d'une même recherche

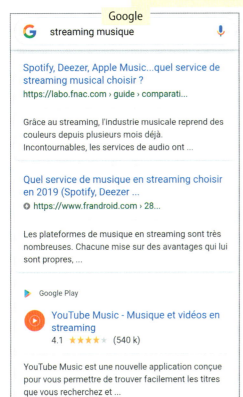

Google — streaming musique

Qwant — Streaming musique

DOC 3 — L'optimisation du référencement

Le **référencement naturel** ou SEO (*Search Engine Optimization*) permet d'améliorer le classement d'un site Web dans les résultats de recherche. Pour cela, les éditeurs de sites doivent notamment bien choisir les mots-clés dans leur contenu rédactionnel et les placer à des endroits stratégiques. Le référencement naturel est à distinguer du référencement payant des annonces et des liens sponsorisés.

Une page optimisée pour le référencement
- **Tags** (liens)
- **Mots-clés** de l'article
- **Maillage interne**, lien renvoyant à un autre article

QUESTIONS

① **DOC 1.** Expliquer les principales étapes du fonctionnement d'un moteur de recherche.

② **DOC 2.** Comparer les deux résultats de recherche. Que constatez-vous et comment l'expliquez-vous ?

③ **DOC 2.** De quelle manière les moteurs de recherche engrangent-ils des revenus commerciaux ?

④ **DOC 3.** De quelle manière les moteurs de recherche influencent-ils les choix des éditeurs de sites Web en termes de contenu ?

⑤ **CONCLUSION.** Les résultats des moteurs de recherche sont-ils toujours neutres ?

Voir **DICO SNT** p. 185

ACTIVITÉ 5

Sécurité et vie privée sur le Web

CAPACITÉS ATTENDUES :
Maîtriser les réglages les plus importants d'un navigateur
Sécuriser sa navigation
Reconnaître les pages sécurisées
Connaître certaines notions juridiques

Le Web n'est pas sans risque pour l'utilisateur, aussi bien lorsqu'il recherche des informations que lorsqu'il publie ou reprend un contenu.

? Quels sont les risques du Web et comment s'en prémunir ?

DOC 1 — La gestion des paramètres du navigateur

Gestion des paramètres du navigateur Chrome

Confidentialité et sécurité

Google Chrome peut utiliser des services Web pour améliorer votre confort de navigation. Vous pouvez choisir de désactiver ces services. En savoir plus

Autoriser la connexion à Chrome
Désactiver cette option vous permet de vous connecter à des sites Google tels que Gmail sans vous connecter à Chrome

Utiliser un service de prédiction afin de compléter les recherches et les URL saisies dans la barre d'adresse

Utiliser un service de prédiction pour charger les pages plus rapidement

Utiliser un service Web pour résoudre les erreurs de navigation

Navigation sécurisée
Assure votre protection et celle de votre appareil contre les sites dangereux

Contribuer à l'amélioration de la navigation sécurisée
Envoie des informations système et du contenu de pages à Google

Envoie automatiquement les statistiques d'utilisation et les rapports d'erreur à Google

Utiliser un service Web pour corriger les erreurs d'orthographe
Correcteur orthographique plus intelligent qui envoie à Google ce que vous saisissez dans le navigateur

Envoyer une demande "Interdire le suivi" pendant la navigation

Autoriser les sites à vérifier si vous avez enregistré des modes de paiement

Gérer les certificats
Gérer les certificats et paramètres HTTPS/SSL

Paramètres du contenu
Contrôler les informations que les sites Web peuvent utiliser et le contenu qu'ils peuvent afficher

Effacer les données de navigation
Effacer l'historique, les cookies, vider le cache, etc.

De nombreuses données personnelles sont collectées au fil des navigations sur le Web (identifiants, recherches, cookies, etc.) et peuvent ensuite être utilisées à des fins commerciales ou malintentionnées. Pour éviter cela, il est nécessaire de paramétrer son navigateur.

Effacer les données de navigation

Général — Paramètres avancés

Période : Dernière heure

☑ Historique de navigation
Efface l'historique et les saisies semi-automatiques dans la barre d'adresse.

☑ Cookies et autres données de site
Vous déconnecte de la plupart des sites.

☑ Images et fichiers en cache
Libère moins de 319 Mo. Le chargement de certains sites risque d'être plus lent lors de votre prochaine visite.

Annuler — Effacer les données

DOC 2 — L'historique de navigation

L'utilisateur peut utiliser des services qui s'engagent à ne pas garder de traces de l'historique de sa navigation, par exemple certains moteurs de recherche, comme Qwant, offrent cette possibilité.

66 ■ Le Web

DOC 3 — Les cookies

CookieViz est un logiciel créé par la CNIL (Commission nationale de l'informatique et des libertés) qui propose un outil de visualisation pour mesurer l'impact des **cookies** et autres traqueurs lors de sa navigation.

Un graphique généré par CookieViz

Bulles bleues : sites avec lesquels j'ai communiqué.

Liens rouges : sites avec lesquels j'ai communiqué en transmettant des informations par les cookies.

Liens gris : sites avec lesquels j'ai communiqué sans transmettre d'informations par les cookies.

VIDÉO — Comment utiliser CookieViz ? lienmini.fr/3389-307

DOC 4 — Sécuriser sa navigation avec HTTPS

Le protocole **HTTPS** permet à l'internaute de s'assurer de l'identité du site auquel il accède. Un cadenas apparaît dans la barre d'adresse du navigateur pour indiquer que la communication est sécurisée. La connexion est vrs chiffrée et seuls le client et le serveur peuvent en lire le contenu.

DOC 5 — Les droits sur Internet

Tout ce que l'on trouve sur Internet (textes, images, photos, etc.) est la propriété de son auteur et ne peut être utilisé sans son autorisation. Différents régimes juridiques s'appliquent, plus ou moins restrictifs, comme le droit d'auteur en France ou le *copyright* aux États-Unis. Mais la dimension mondiale du Web et l'impossibilité de contrôler le respect des différentes législations a donné naissance à de nouvelles pratiques, comme les licences Creative Commons, plus souples, censées encourager la circulation des œuvres, l'échange et la créativité.

Les licences Creative Commons

LES OPTIONS
Les auteurs ou titulaires de de droits d'auteur peuvent choisir un ensemble de conditions qu'ils souhaitent appliquer à leurs œuvres.

 ATTRIBUTION : Toutes les licences Creative Commons obligent ceux qui utilisent vos œuvres à vous créditer de la manière dont vous le demandez, sans pour autant suggérer que vous approuvez leur utilisation ou leur donner votre aval ou votre soutien.

 PAS D'UTILISATION COMMERCIALE : Vous autorisez les auteurs à reproduire, à diffuser et (à moins que vous ne choisissiez « Pas de modification ») à modifier votre œuvre, pour toute utilisation autre que commerciale, à moins qu'ils obtiennent votre autorisation au préalable.

 PARTAGE DANS LES MÊMES CONDITIONS : Vous autorisez les autres à reproduire, diffuser et modifier votre œuvre, à condition qu'ils publient toute adaptation de votre œuvre sous les mêmes conditions que votre œuvre. Toute personne qui souhaiterait publier une adaptation sous d'autres conditions doit obtenir votre autorisation préalable.

 PAS DE MODIFICATION : Vous autorisez la reproduction et la diffusion uniquement de l'original de votre œuvre. Si quelqu'un veut la modifier, il doit obtenir votre autorisation préalable.

QUESTIONS

① **DOC 1.** Le navigateur est-il bien paramétré pour garantir la confidentialité de l'internaute ?

② **DOC 1 et 2.** Comment peut-on s'assurer que personne ne prendra connaissance de son historique de navigation ?

③ **DOC 3.** Quel est l'intérêt d'un logiciel comme CookieViz ?

④ **DOC 4.** Le site en photo est-il sécurisé ? Comment peut-on en être certain ?

⑤ **DOC 5.** Pour créer un blog personnel, puis-je copier-coller des informations à partir d'autres sites ? Si oui, sous quelles conditions ?

⑥ **CONCLUSION.** Quels sont les principaux risques sur le Web et comment peut-on s'en protéger ?

Voir **DICO SNT** p. 185

COURS

Voir **DICO SNT** p. 185

DOC 1 Décomposition d'une URL

DOC 2 Les interactions client-serveur

1 • Le fonctionnement du Web

A URL

Une **URL** *(Uniform Resource Locator)* est l'adresse d'une page Web **(Doc 1)**. Elle est composée de trois éléments :
– http:// ou https:// qui correspond au protocole de communication client-serveur développé pour le Web ;
– un nom de domaine, souvent une marque, une entreprise, une association, etc. ;
– un chemin qui pointe vers une ressource ou page précise. → Activité 2, p. 60

B Le modèle client-serveur et les requêtes HTTP

Pour consulter une page Web, un poste **client** envoie une requête à un **serveur**. Celui-ci lui retourne les ressources (textes, images, etc.) sous forme de code mis en forme par le navigateur. Les requêtes sont basées sur le protocole **HTTP** *(HyperText Transfer Protocol)* qui permet la communication entre les postes clients et les postes serveurs **(Doc 2)**.

→ Exercice 5, p. 73

```
<!DOCTYPE>
Renseigne le navigateur sur
le langage utilisé par votre page web

<html>
  <head>
    Donne des informations
    à votre navigateur pour
    traiter correctement
    les informations se
    trouvant dans le <body>
  </head>
  <body>
    La partie visible de votre
    page qui sera affichée
    par le navigateur
  </body>
</html>
```

DOC 3 Composition d'une page Web

```
<p>    paragraphe
<h1>   Titre de niveau 1
<h2>   Titre de niveau 2
<img>  Image
<a>    Lien hypertexte
<table> Tableau
<tr>   Ligne de tableau
```

DOC 4 Les principales balises

2 • Les langages HTML et CSS

A HTML

La programmation d'une page Web repose sur l'utilisation d'un langage de description appelé « **HTML** » *(HyperText Markup Language)* **(Doc 3)**. Le langage HTML utilise des balises pour délimiter le début et la fin de chaque instruction lue par le navigateur. Chaque instruction HTML est délimitée par une balise ouvrante <élément> et une balise fermante </élément>. Ces balises sont invisibles à l'écran mais elles permettent au navigateur d'interpréter ce qu'il doit afficher **(Doc 4)**. → Activité 3, p. 62

→ Exercice 4, p. 72

B CSS

Le langage **CSS** *(Cascading Style Sheets)* permet de définir le style graphique d'une page Web (arrière-plan, type et taille des polices de caractères, etc.). La modification du style d'un élément dans une feuille de style se répercute automatiquement à toutes les pages HTML qui y font appel.

→ Exercice 6, p. 73

C Les liens hypertextes

Le lien **hypertexte** est sans doute la balise la plus emblématique : elle permet un renvoi à un autre endroit d'une page Web, à une autre page du site ou à un autre site. Elle est identifiée par la balise <a = href> et se termine par </a>. Un lien est composé principalement d'une URL cible et d'un libellé (le texte cliquable souvent de couleur, ou une image).

68 ■ Le Web

3 • Les moteurs de recherche

A Les critères de classement des résultats

Les **moteurs de recherche** parcourent le Web, indexent les pages au moyen de robots *(crawler)* et classent les pages grâce à des algorithmes qui analysent les textes, mots-clés, balises, popularité de la page, liens entrants, etc. **(Doc 5)**. → ACTIVITÉ 4, P. 64

Exemple Google avec son puissant module d'intelligence artificielle *Rankbrain* agence les pages de résultats pour maximiser leur efficacité.

→ EXERCICE 8, P. 73

B Le référencement naturel

Le **référencement naturel** ou SEO *(Search Engine Optimization)* permet d'améliorer le classement d'un site Web dans les résultats de recherche grâce notamment à des mots-clés placés dans le contenu rédactionnel. Le référencement naturel est à distinguer du référencement payant des annonces et les liens sponsorisés.

4 • Sécurité et confidentialité sur le Web

A Paramétrer son navigateur

Pour surfer sur le Web en toute sécurité et confidentialité, il faut éliminer ses traces en paramétrant son **navigateur**. Il est possible d'effacer son historique à partir des options du navigateur ou par la combinaison de touches CTRL+SHIFT+SUPPR. → ACTIVITÉ 5, P. 66

→ EXERCICE 7, P. 73

B Les sites sécurisés

HTTPS *(HyperText Transfer Protocol Secure* ou protocole de transfert hypertexte sécurisé) est un protocole de communication qui protège l'intégrité ainsi que la confidentialité des données lors du transfert d'informations entre l'ordinateur de l'internaute et le serveur. Le protocole HTTPS est reconnaissable par un cadenas dans la barre d'adresse du navigateur **(Doc 6)**.

C Notions juridiques

Les ressources publiées sur le Web (textes, photos, images, vidéos) sont la propriété de leur auteur et ne sont pas libres de droits. Leur usage est réglementé par différentes législations en fonction des pays ou encore par des régimes spécifiques dont peuvent se réclamer les auteurs, comme les licences *Creative Commons*.

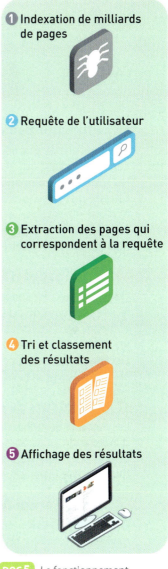

1. Indexation de milliards de pages
2. Requête de l'utilisateur
3. Extraction des pages qui correspondent à la requête
4. Tri et classement des résultats
5. Affichage des résultats

DOC 5 Le fonctionnement des moteurs de recherche

DOC 6 Le cadenas identifiant les sites sécurisés

L'essentiel — Le Web

AUDIO
Je retiens l'essentiel
lienmini.fr/3389-308

Je retiens par le texte

❶ Le fonctionnement du Web

Lorsque l'on navigue sur le **Web**, notre poste informatique, tablette ou smartphone est identifié comme un **client** qui se connecte à un **serveur**. Ce serveur, qui héberge les pages Web ou les applications demandées, renvoie les contenus (textes, images, fichiers, etc.) au client. Chaque ressource fait l'objet d'une demande appelée « requête **HTTP** » par le client et d'une réponse par le serveur.

Pour identifier une page recherchée, le serveur utilise son **URL** qui se décompose en 3 parties : le protocole HTTP, le nom de domaine et le chemin vers la ressource.

❷ Les langages HTML et CSS

Une page Web est constituée de deux langages : le **HTML** pour le contenu et une ou plusieurs feuilles de style **CSS** pour la mise en forme (arrière-plan, type et taille des polices de caractères, couleurs, etc.). Ces deux langages sont basés sur l'utilisation de balises qui identifient les différentes instructions.

Les **liens hypertextes** peuvent pointer dans la même page HTML, vers d'autres pages du site ou vers d'autres sites Web.

❸ Les moteurs de recherche

Les **moteurs de recherche** parcourent le Web et indexent ses pages au moyen de robots d'**indexation** et les classent au moyen d'algorithmes.

Le référencement naturel ou SEO *(Search Engine Optimization)* permet d'améliorer le classement d'un site Web dans les résultats de recherche grâce notamment à des mots-clés.

❹ Sécurité et confidentialité sur le Web

Pour éviter de laisser des traces, il est possible de régler les paramètres de contrôle de son **navigateur** (cookies, historique, sécurité, confidentialité).

Les sites basés sur le protocole **HTTPS** sont sécurisés. Les ressources publiées sur le Web (textes, photos, images, vidéos) ne peuvent pas être reprises sans l'autorisation de leur auteur.

VOCABULAIRE

Client : logiciel envoyant des demandes à un serveur.

CSS *(Cascading Style Sheets)* : feuilles de style décrivant la présentation des documents HTML.

HTML *(HyperText Markup Language)* : langage de balisage utilisé pour la création de pages Web.

HTTP ou HTTPS : protocole de transmission permettant d'accéder à des pages Web *via* un navigateur. Le HTTPS est sécurisé.

Indexation : analyse du contenu des pages Web pour détecter les mots-clés.

Lien hypertexte : élément d'une page Web (texte, image, etc.) qui, lorsque l'on clique dessus, renvoie vers une autre zone de la même page, une autre page, ou un autre site Web.

Moteur de recherche : application informatique permettant de rechercher une ressource (pages Web, images, vidéos, fichiers, etc.) à partir d'une requête sous forme de mots.

Navigateur : logiciel permettant d'afficher des sites Internet (Chrome, Firefox, Edge, Safari, etc.).

Serveur : ordinateur exécutant des opérations suivant les requêtes effectuées par un ordinateur appelé « client ».

URL *(Uniform Resource Locator)* : adresse d'une page d'un site.

Web *(World Wide Web)* : système hypertexte, utilisant le protocole HTTP, permettant de visiter des pages sur Internet.

Je retiens par l'image

ANIMATION
Je retiens l'essentiel
lienmini.fr/3389-309

Le fonctionnement du Web

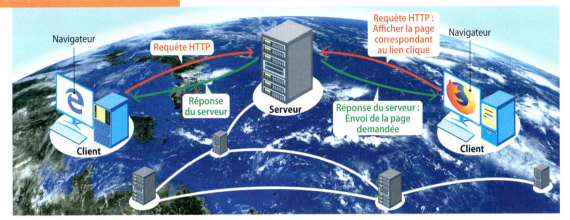

Les langages HTML et CSS

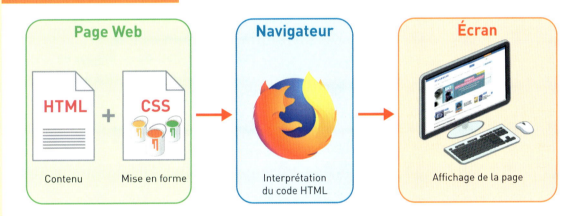

Les moteurs de recherche

Sécurité et confidentialité sur le Web

EXERCICES

POUR VÉRIFIER SES ACQUIS

❶ Vrai ou faux ?

Identifier les propositions exactes.

a. Le langage HTML se présente sous la forme d'une suite d'instructions comportant des balises entrantes et fermantes.

b. Le langage CSS permet de sécuriser sa connexion Internet.

c. Les liens hypertextes permettent de naviguer d'une page à l'autre et d'un site Web à l'autre.

d. Quand on se connecte sur un site sécurisé, un cadenas s'affiche devant l'URL.

e. Il est impossible de supprimer les traces laissées sur Internet.

❷ QCM

Pour chaque proposition, identifier la bonne réponse.

a. Le rôle du langage HTML est :
- ☐ de crypter des informations.
- ☐ d'être interprété par un navigateur Web.
- ☐ d'échanger des données entre serveurs.

b. Les navigateurs permettent :
- ☐ d'afficher des pages Web.
- ☐ de coder des pages Web.
- ☐ de chatter à distance.

c. Pour réaliser un lien vers la page d'accueil de Wikipédia, on écrit :
- ☐ `<a href="http://wikipedia.org">Wikipédia</a>`
- ☐ `<a target="http://wikipedia.org">Wikipédia</a>`
- ☐ `<a href="http://wikipedia.org>`

❸ Qui suis-je ?

Recopier et compléter les phrases.

a. HTML est l'abréviation de … .

b. Le langage HTML est un langage de … .

c. Un fichier HTML est constitué de deux parties : … et … .

d. Un … permet d'atteindre une autre page du même site ou d'un autre site.

→ *Vérifier vos réponses p. 188*

POUR S'ENTRAÎNER

❹ Mise en forme d'un tableau

CAPACITÉ : Étudier et modifier une page HTML simple.

Théo a créé un tableau pour afficher les résultats du saut en longueur sur le site de son club de sport.

Nom	Prénom	Performance
Issa	Tsonga	4,69 m
Alaoui	Mehdi	4,83 m

1. Combien de lignes seront affichées à l'écran avec le code HTML ci-contre ?

2. Recopier et compléter le fichier HTML pour afficher le tableau entièrement.

```
1  <table>
2    <tr>
3      <td>Nom</td>
4      <td>Prénom</td>
5      <td>Performance</td>
6    </tr>
```

❺ Protocole HTTP
CAPACITÉ : Décomposer le contenu d'une requête HTTP.

Aya passe une requête HTTP avec son navigateur. Voici le code affiché dans sa console :

```
1  DGET / HTTP/1.1
2  Host: www.lemonde.fr
3  Accept-Language fr,fr-FR;q=0.8,en-US;q=0.5,en;q=0.3
4  Connection keep-alive
5  Cookie kameleoonVisit=20190114/8t7b1w…fgL0cSt0r=true;_cb_svref=null
6  User-Agent: Mozilla/5.0 (Windows NT 10.0; …) Gecko/20100101 Firefox/65.0
```

1. Quelle est l'adresse (URL) du site visité ?

2. Quel est le système d'exploitation de son ordinateur personnel ?

3. Quel est le nom du navigateur utilisé et sa version ?

❻ Étudier une page HTML/CSS simple
CAPACITÉS : Étudier et modifier une page HTML simple. Distinguer ce qui relève du contenu d'une page de son style de présentation.

À partir du code HTML ci-contre, on peut identifier les éléments du contenu de la page Web.

1. Quel est le titre de la page Web ?

2. Comment se nomme le fichier CSS qui gère la présentation de cette page ?

3. Citer le nombre d'éléments de la liste des outils d'exploration.

4. Quel est le nom du style qui permet de modifier la couleur de « Téléchargement » ?

5. Citer l'adresse de la cible du lien hypertexte.

```html
1   <!DOCTYPE html>
2   <html>
3     <head>
4       <meta charset="utf-8">
5       <link href="style.css" rel="stylesheet">
6       <title>Géographie</title>
7     </head>
8     <body>
9       <h1>Les outils d'exploration du globe terrestre</h1>
10        <ol>
11          <li>Google Earth</li>
12          <li>World Wind</li>
13          <li>Virtual Earth</li>
14          <li>Géoportail</li>
15          <li>Edugéo</li>
16        </ol>
17        <h2>1 . Google Earth</h2>
18        <img src="google-earth.png" alt="Description de l'image"/> <p
          class="rouge-gras">Téléchargement : <a href="http://earth.google.
          fr">Cliquez ici</a></p>
19    </body>
20  </html>
```

❼ Gérer les cookies, la sécurité et la confidentialité d'un navigateur
CAPACITÉ : Maîtriser les réglages les plus importants d'un navigateur.

Amine vient de naviguer sur Internet et souhaite effacer son historique, ses cookies et l'auto-remplissage des formulaires.

1. Dans votre navigateur habituel, comment accède-t-on à cette boîte de dialogue ?

2. Quelles options Carole doit-elle cocher ?

❽ Analyser et comparer deux moteurs de recherche
CAPACITÉ : Mener une analyse critique des résultats fournis par un moteur de recherche.

Nora aime la course à pied dans la nature et souhaite découvrir le *trail*. Elle fait trois recherches comparatives avec ce mot-clé sur Google, Qwant et Bing.

1. Quel est le moteur de recherche recommandé pour protéger ses données personnelles ?

2. Effectuer la même recherche que Nora. Les résultats sont-ils identiques ? Pourquoi ?

3. Indiquer le nombre de liens commerciaux proposés à côté des résultats de chaque recherche.

4. Quel moteur de recherche propose le moins de publicité ?

Le Web ■ 73

#LE NUMÉRIQUE ET VOUS

DÉBATS — Info ou intox : comment vérifier l'information sur le Web ?

CAPACITÉ TRANSVERSALE :
Développer une argumentation dans le cadre d'un débat

LE DÉBAT
Les informations qui circulent sur le Web sont-elles fiables ?

Le Web permet de diffuser toutes sortes d'informations dont ni la qualité, ni la pertinence, ni la véracité ne sont garanties et dont la vérification des sources n'est pas toujours facile. Les *fake news* (infox ou fausses nouvelles) sont des informations délibérément fausses. Elles peuvent émaner d'un ou de plusieurs individus, par le biais de médias traditionnels ou non, tels que les blogs ou les réseaux sociaux. Les fausses informations peuvent être propagées pour tromper le lecteur ou influencer son opinion sur un sujet particulier. D'autres sont fabriquées de toute pièce avec un titre accrocheur pour densifier le trafic et augmenter le nombre de visiteurs sur un site Web.

ACTIVITÉS

1. Comment peut-on vérifier la véracité d'une information ou la fiabilité d'un site ?
2. Comment les *fake news* ont-elles envahi les réseaux sociaux ?
3. Comment l'État français a-t-il réagi ?

MINI-PROJET — La révolution du Web

CAPACITÉS TRANSVERSALES :
Rechercher de l'information, apprendre à utiliser des sources de qualité

Dans l'histoire de la communication, le Web est une révolution : il a ouvert à tous la possibilité et le droit de publier. Il permet une coopération d'une nature nouvelle entre individus et entre organisations : commerce en ligne, création et distribution de logiciels libres multi-auteurs, création d'encyclopédies mises à jour en permanence, etc. Il devient universel pour communiquer avec les objets connectés.

ACTIVITÉS

1. Réaliser une affiche présentant les différences entre le Web 1.0 et 2.0.
2. Réaliser une page Web présentant quelques logiciels libres et les usages possibles en classe.
3. Modifier un article de votre choix sur Wikipédia, par exemple la ville de votre lycée.

74 ■ Le Web

EXPOSÉ — Le droit à l'oubli

CAPACITÉS TRANSVERSALES :
Coopérer au sein d'une équipe, rechercher de l'information

Le Web conserve des informations, parfois personnelles, accessibles partout sur de longues durées sans qu'il soit facile de les effacer. Ceci a donné naissance au concept de droit à l'oubli. Il permet à tout internaute de demander l'effacement de données qui pourraient lui nuire. Ce droit à l'oubli prend plusieurs formes : droit d'opposition, droit à l'effacement, droit au déréférencement.

ACTIVITÉS

Réaliser par groupe de deux ou trois un exposé sur un des thèmes suivants :

1. Comment vérifier si nos données personnelles sont diffusées publiquement sur Internet ?

2. Quels sont les principales actions à mettre en œuvre pour les supprimer ?

3. Que pensez-vous de confier vos données personnelles ou professionnelles à des entreprises comme Apple, Google ou Microsoft ?

MÉTIER — Développeur/développeuse Web

CAPACITÉS TRANSVERSALES :
Rechercher de l'information, apprendre à utiliser des sources de qualité

Une développeuse Web

Le développeur Web est un expert des langages informatiques. Il traduit le cahier des charges fourni par un client en lignes de code informatique afin de concevoir des programmes sur mesure. Il conçoit l'application, assure le suivi des tests, réalise la documentation associée, implémente la solution avec les technologies retenues. Par la suite, il intervient pour effectuer la maintenance ou faire évoluer les programmes. La révolution numérique le place parmi les professionnels les plus recherchés.

ACTIVITÉS

1. Dans quels secteurs d'activités trouve-t-on des développeurs Web ?
2. Quelles compétences faut-il maîtriser pour être développeur Web ?
3. Quelles sont les études qu'il faut suivre pour devenir développeur Web ?

VIDÉO
Découvrons le métier de développeur Web
lienmini.fr/3389-311

Capacités attendues *

▶ Décrire le fonctionnement de la géolocalisation,
régler les paramètres de confidentialité d'un téléphone .... Activité 2 • p. 82

▶ Identifier les différentes couches d'informations de Géoportail,
contribuer à OpenStreetMap .... Activité 3 • p. 84

▶ Décoder une trame NMEA .... Activité 4 • p. 86

▶ Utiliser un logiciel pour calculer un itinéraire,
représenter un calcul d'itinéraire .... Activité 5 • p. 88

Bulletin officiel spécial, n° 1, 22 janvier 2019.

Un cycliste utilisant le GPS de son smartphone

THÈME 4

Localisation, cartographie et mobilité

Pour commencer
une vidéo interactive

Géolocalisation, comment s'y retrouver ?

6:13

lienmini.fr/3389-401

Répondez au quiz intégré à la vidéo.

POUR TESTER SES CONNAISSANCES

→ *Vérifier vos réponses p. 188*

Pour chacune des questions, choisissez la bonne réponse à l'aide de vos connaissances.

1 Échelles

1 Qu'est-ce qu'une échelle sur une carte ?
   a. C'est une petite montagne.
   b. C'est une unité de mesure de distance.
   c. C'est le rapport entre la taille sur la carte et la taille réelle.

2 Si une carte est à l'échelle 1/25 000, 1 cm sur la carte représente :
   a. 250 m.
   b. 2,5 km.
   c. 25 km.

3 Deux villes sont distantes de 20 km. Quelle est l'échelle d'une carte qui les représente à 4 cm l'une de l'autre ?
   a. 4/20.
   b. 1/ 500 000.
   c. 1/50 000.

Échelle sur un plan Google Maps

Échelle de la carte

L'échelle d'une carte est le rapport mathématique entre une longueur sur la carte et la longueur réelle sur le terrain. Par exemple, si 12 cm représentent 300 m, soit 30 000 cm, alors 1 cm représente 30 000/12 cm, soit 2 500 cm. Ce plan est donc à l'échelle 1/2 500.

2 Se repérer sur la Terre

1 Dans les coordonnées d'un lieu de type « 15° N, 30° E » le premier nombre sert à :
   a. repérer la longitude.
   b. repérer la latitude.
   c. repérer l'altitude.

2 Qu'est-ce que l'équateur ?
   a. Un autre nom du pôle Sud.
   b. Une ligne imaginaire qui sépare la moitié ouest et la moitié est de la Terre.
   c. Une ligne imaginaire qui sépare l'hémisphère nord et l'hémisphère sud.

3 Londres se situe :
   a. dans l'hémisphère nord.
   b. dans l'hémisphère sud.
   c. juste entre les deux hémisphères.

Latitude et longitude

Pour se repérer à la surface de la Terre, on utilise des lignes imaginaires formant un quadrillage. La ligne de l'équateur sépare la Terre en deux moitiés : l'hémisphère nord et l'hémisphère sud. Les lignes parallèles à l'équateur sont appelées les « parallèles » et permettent de lire la latitude. Les lignes allant du pôle Nord au pôle Sud s'appellent « les méridiens » et permettent de lire la longitude.

Localisation, cartographie et mobilité

3 Système GPS

1 Le GPS nous localise grâce à :
a. des satellites.
b. des antennes placées sur terre.
c. des lasers.

2 Le sigle GPS veut dire :
a. Général positionnement des satellites.
b. *Global Positioning System*.
c. *Great Placement Studio*.

3 Le GPS est :
a. le système de géolocalisation américain.
b. l'ensemble de tous les systèmes de géolocalisation du monde.
c. le système de géolocalisation européen.

Un GPS de voiture

Le GPS *(Global Positioning System)* est un système de navigation, développé par les États-Unis, qui permet aux utilisateurs de déterminer leur position et leur vitesse n'importe où dans le monde.

4 Confidentialité des données de localisation

1 La localisation de mon téléphone est :
a. une donnée publique.
b. une donnée personnelle.
c. l'une ou l'autre : cela dépend si j'accepte de la partager ou non.

2 La localisation de mon téléphone :
a. n'est utilisée que par les applications de cartographie.
b. n'est jamais utilisée sans que j'en sois informé.
c. peut être utilisée par d'autres applications.

3 Si mon smartphone est hors connexion :
a. le GPS peut fonctionner normalement.
b. le GPS ne fonctionne plus mais il est possible d'estimer ma position.
c. il est impossible de déterminer ma localisation.

Menu permettant d'activer ou de désactiver la géolocalisation

Il est possible d'activer ou non la localisation de son téléphone portable. Lorsqu'elle est activée, la localisation peut être faite par GPS qui fonctionne indépendamment du Wifi ou à l'aide d'autres informations comme l'accès à des bornes Wifi.

Localisation, cartographie et mobilité 79

ACTIVITÉ 1

Repères historiques

Le GPS permet de se localiser à quelques mètres près sur Terre, en mer ou en l'air.

1973

Le premier système GPS américain

En 1973, le département de la défense américain lance le projet militaire **GPS** *(Global Positioning System)* qui devient pleinement opérationnel en 1995. Ce système de 24 satellites à l'origine (31 aujourd'hui), situés à 20 180 km d'altitude, permet de se localiser avec une précision de l'ordre de 30 centimètres à cinq mètres. En 2000, le système GPS devient totalement accessible au public.

La dernière génération de satellites Glonass (2011)

La réponse soviétique au GPS : Glonass

1976

Les Soviétiques, ne souhaitant pas que leurs armées dépendent d'un système de positionnement américain, lancent leur propre système en 1976 baptisé **Glonass** *(Global Navigation Satellite System* ou encore GNSS). Il compte 24 satellites situés à 19 130 km d'altitude et est ouvert aux usages militaires et civils. Sa précision est de 3 à 7 mètres.

Les premières cartes géographiques sur le Web

1993

L'augmentation de la puissance des ordinateurs permet de créer la première **carte numérique** géographique sur le Web en 1993. Il s'agit de la « Xerox PARC Map Viewer ». L'utilisateur demande la carte d'un lieu de son choix et un programme la génère sous la forme d'une image statique. En 1996, avec MapQuest, il devient possible de zoomer dans une carte.

Une carte des États-Unis dans Map Viewer

80 ■ Localisation, cartographie et mobilité

Les signaux émis par les bornes d'un réseau sans fil peuvent être utilisés pour se localiser.

Les systèmes de positionnement en intérieur

La géolocalisation par satellites peut être difficile et peu précise dans les villes. Un moyen de pallier ce problème, étudié depuis les années 2000, est d'utiliser d'autres signaux comme le **Wifi**. L'intensité du signal indique la distance par rapport aux bornes émettrices dont la localisation est connue. On détermine ainsi sa position avec une précision pouvant atteindre le décimètre.

2000

Une voiture de Google prenant des vues panoramiques des rues

Google Earth

En 2005, Google sort une première version de Google Earth : il est désormais possible de zoomer sur sa maison ou n'importe quel point du globe depuis le ciel. La même année est mis en service Google Maps et ses cartes plates. En 2008, les photos panoramiques de Street View, qui permettent de se promener virtuellement dans des villes de Google Maps, sont intégrées à Google Earth.

2005

1999

Le déploiement de Galileo

Un satellite Galileo

L'Europe, qui souhaite être indépendante en matière de géolocalisation, développe son propre système de positionnement par satellite, **Galileo** (du nom du célèbre astronome italien), à partir de 1999. Le premier satellite est lancé en 2011 et ils devraient être 30 en 2020. Galileo est ouvert principalement aux usages civils bien que ses services puissent être interrompus pour des raisons militaires. Sa précision est de 1 cm à 4 m, meilleure donc que le GPS car la technologie est plus récente.

QUESTIONS

① Combien de temps a été nécessaire au déploiement des systèmes de positionnement américain et européen et comment l'expliquer ?

② Qu'est-ce qui a changé entre les premières cartes sur le Web et celles d'aujourd'hui ?

③ Citer des différences entre un système GPS et un système de positionnement en intérieur.

Voir **DICO SNT** p. 185

Localisation, cartographie et mobilité ■ **81**

ACTIVITÉ 2

CAPACITÉS ATTENDUES :
Décrire le fonctionnement de la géolocalisation
Régler les paramètres de confidentialité d'un téléphone

Le fonctionnement de la géolocalisation

Avec la multiplication des smartphones, nous sommes en permanence localisés. La localisation nous permet de nous repérer facilement et est utilisée par de nombreuses applications. Elle est déterminée grâce à la géolocalisation par satellite.

? Comment fonctionne un système de géolocalisation ?

VIDÉO
Le fonctionnement de Galileo
lienmini.fr/3389-404

DOC 1 — Repérage de la position d'un récepteur

Lorsque l'on connaît les distances entre un récepteur **GPS** et trois satellites, il est possible de calculer la position du récepteur par **trilatération**. Il se situe à l'intersection de trois sphères centrées autour des satellites.

La géolocalisation par satellite

1 Les systèmes de géolocalisation s'appuient sur des satellites (de 24 à 31 selon les systèmes) situés à environ 20 000 km de la Terre. Le but est que 4 satellites demeurent toujours visibles depuis n'importe quel point de la planète.

2 Chaque satellite envoie régulièrement des signaux indiquant sa position dans l'espace.

3 Lorsqu'il détecte un signal, le récepteur GPS de l'appareil à géolocaliser calcule la distance qui l'en sépare.

4 Le GPS doit capter les signaux d'au moins trois satellites pour pouvoir déterminer ses coordonnées géographiques grâce à une méthode mathématique, la trilatération. Schématiquement, cela revient à tracer un cercle autour de chaque satellite, en prenant pour rayon la distance qui le sépare du GPS, ce dernier se trouvant à leur intersection.

5 Pour ne pas se tromper dans ses calculs, la précision de l'horloge du GPS doit être comparable à celle d'une horloge atomique. C'est pourquoi le GPS doit se synchroniser avec l'horloge d'un quatrième satellite. Tout décalage d'une microseconde engendrerait une erreur de 300 m dans l'estimation de sa position (latitude et longitude).

Localisation, cartographie et mobilité

DOC 2 — Estimation de la distance récepteur-satellite

Pour déterminer la distance à laquelle un récepteur GPS se trouve d'un satellite, il repère l'heure à laquelle il reçoit un message et l'heure à laquelle le message a été envoyé par le satellite. L'onde se déplaçant à la vitesse de la lumière (environ 300 000 km/s), il est alors possible de calculer la distance parcourue qui se mesure ainsi : distance = durée × vitesse.

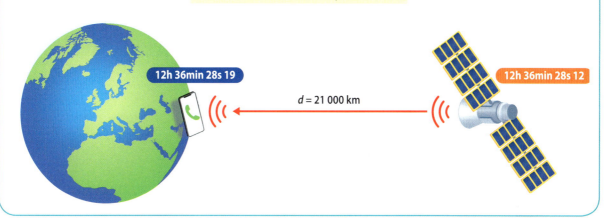

Estimation de la distance récepteur-satellite

DOC 3 — Réglages de confidentialité du téléphone

Il est possible de choisir quelles applications ont accès aux données de localisation d'un smartphone. L'usage de ces données est variable. Une application de cartographie aura naturellement besoin de connaître votre position pour fonctionner mais, dans certains cas, des applications peuvent profiter de ces données pour envoyer des publicités ciblées ou suivre les utilisateurs.

Réglages des services de localisation

Publicité géolocalisée

QUESTIONS

① **DOC 1.** Pourquoi a-t-on besoin de trois satellites au minimum pour localiser un appareil ? À quoi sert le quatrième satellite habituellement utilisé ?

② **DOC 2.** Vérifier par un calcul la valeur de la distance notée sur le schéma.

③ **DOC 3.** Que pensez-vous des réglages de localisation du smartphone ? Pourquoi l'utilisateur a-t-il désactivé certaines applications ?

④ **CONCLUSION.** Comment fonctionne la géolocalisation par satellite ?

Voir **DICO SNT** p. 185

Localisation, cartographie et mobilité ■ 83

ACTIVITÉ 3

CAPACITÉS ATTENDUES :
Identifier les différentes couches d'informations de Géoportail
Contribuer à OpenStreetMap

Les plateformes de cartographie

La donnée géographique a pris de l'importance ces dernières années. Des plateformes collaboratives de cartographie se sont donc mises en place en France avec le site Géoportail et au niveau international avec le site OpenStreetMap.

? Quelles sont les informations fournies par les plateformes de cartographie ?

DOC 1 OpenStreetMap

OpenStreetMap est un projet international collaboratif de cartographie. Tout le monde peut participer en ajoutant ou en corrigeant des informations. Pour cartographier une zone, des rassemblements appelés « cartoparties » sont organisés dans le monde entier. Le but d'une cartopartie est de récolter le maximum d'informations afin de produire une carte complète d'une zone. Des thèmes sont parfois choisis comme l'accès aux personnes handicapées.

VIDÉO
Cartopartie : une carte avant et après
lienmini.fr/3389-405

Affiche de cartopartie à Bourg-en-Bresse

DOC 2 Géoportail

Le site Géoportail est une plateforme collaborative de cartographie encadrée par l'État français.
Il présente de nombreux avantages :
– richesse du catalogue de données : **cartes numériques**, images aériennes, relief, etc. ;
– diversité de services performants : affichage de cartes, calcul d'itinéraires, etc. ;
– gratuité et transparence : Géoportail respecte la vie privée de ses utilisateurs et ne fait ni commerce ni usage de données personnelles à des fins commerciales ou publicitaires.

Page d'accueil du site www.geoportail.gouv.fr

84 ▪ Localisation, cartographie et mobilité

DOC 3 Les différentes couches d'informations de Géoportail

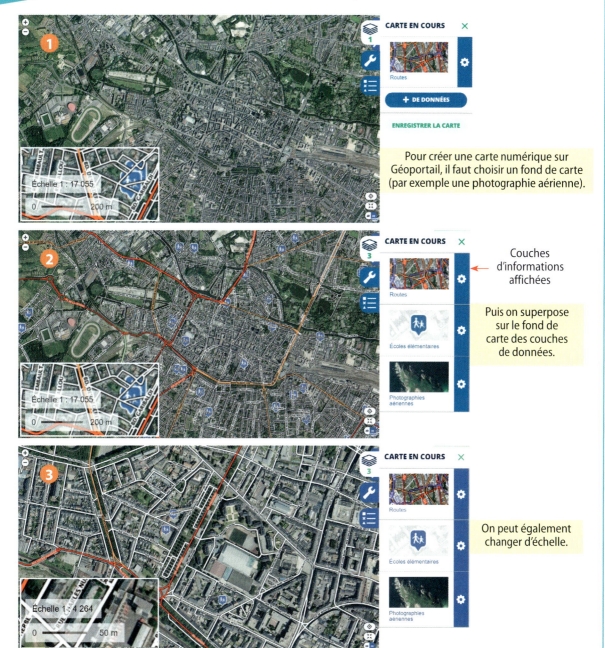

QUESTIONS

① **DOC 1.** Qui peut contribuer à OpenStreetMap ? En quoi la cartographie collaborative est-elle une action citoyenne ?

② **DOC 2.** Comment, par qui et dans quel but peut être utilisé le portail national Géoportail ?

③ **DOC 3.** Sur la seconde carte, que représentent les points bleus ? À quelle couche de données correspondent les lignes orange et rouges ?

④ **DOC 3.** Quelles différences observez-vous entre la 2e et la 3e carte ?

⑤ **CONCLUSION.** Comment peut-on modifier les informations présentées sur les cartes fournies par ces deux plateformes de cartographie ?

Voir **DICO SNT** p. 185

CAPACITÉ ATTENDUE :
Décoder une trame NMEA

Trame NMEA

Un récepteur GPS crée une chaîne de caractères, appelée trame, à partir des informations issues des satellites. Celle-ci a une structure imposée par une norme appelée NMEA-0183.

? Comment convertir la trame fournie par le GPS en informations de géolocalisation ?

DOC 1 La structure d'une trame NMEA produite par un GPS

La norme NMEA détermine dans quel ordre sont placées les informations issues des satellites et sous quelle forme elles sont enregistrées. Pour lire les informations comprises dans la trame, il est nécessaire de connaître ces règles d'écriture. Les données, comme l'heure, la latitude ou la longitude, sont placées dans des champs séparés par des virgules comme dans l'exemple suivant :
$GPGGA,073028.314,2514.3215,N,00819.1214,E,1,04,2.1,238.5,M,,,,0000*43

Champ	Valeur	Traduction
Type de trame	$GPGGA	Ceci est une trame pour les GPS.
Heure d'envoi	073028.314	7 h 30 min 28,314 s
Latitude	2514.3215	25 degrés et 14,3215 min
Orientation latitude	N	Nord
Longitude	00819.1214	8 degrés et 19,1214 min
Orientation longitude	E	Est
Positionnement	1	1 pour GPS
Nombre de satellites	04	4 satellites
Précision	2.1	Fiabilité mesurée de 1 à 9 (1 = bon, 9 = mauvais)
Altitude	238.5	238,5 m au-dessus du niveau de la mer
Unité altitude	M	Mètres
	,,,,0000*43	Autres informations

DOC 2 L'enregistrement d'une trame NMEA

Le GPS produit des **trames NMEA** en permanence et les enregistre ou les envoie par réseaux. Il est possible de les récupérer grâce à des applications sur smartphone.

Trames NMEA envoyées par un GPS et enregistrées grâce à une application

$GPGGA,192657.000,3823.2324,N,00101.5525,W,1,08,2.1,866,2,M,,,,0000*1A

$GPGGA,192658.000,3823.2324,N,00101.5525,W,1,08,2.1,866,2,M,,,,0000*15

86 ■ Localisation, cartographie et mobilité

DOC 3 Algorithme de traitement d'une trame NMEA

Pour récupérer les informations à partir d'une trame NMEA, il est nécessaire de la « décoder », c'est-à-dire de séparer les champs et de les traduire. Ceci peut être automatisé en appliquant un algorithme comme celui ci-contre.

• **Je comprends un algorithme**

```
1  si il s'agit d'une trame de GPS, alors
2      extraire champs
3      convertir Heure     (format h,min,s)
4      convertir Longitude (format °,min,s)
5      convertir Latitude  (format °,min,s)
6      afficher Heure, Longitude, Latitude
```

DOC 4 Couper un texte en Python

L'instruction *split* en Python permet de couper une chaîne de caractères en précisant le séparateur. Pour récupérer ensuite les morceaux, il suffit de préciser la position (comptée à partir de 0) de la donnée recherchée entre crochets.

• **Je comprends un programme**

```
1  Trame="$GPGGA,12241.000,2135.3214,N,00740.9373,E,1,04,3.2,200.2,M,,,,0000*32"
2  Champs=Trame.split(",")
3  print(Champs[0])
4  print(Champs[1])
5  print(Champs[2])
```

Coup de pouce Python

• La ligne 1 enregistre la trame en chaîne de caractères dans la variable *Trame*.
• La ligne 2 découpe la trame à chaque virgule. La liste des champs obtenus est alors enregistrée dans la variable *Champs*.
• La ligne 3 permet l'affichage du premier champ, ici : $GPGGA
• La ligne 4 permet l'affichage du deuxième champ, ici : 12241.000
• La ligne 5 permet l'affichage du troisième champ, ici : 2135.3214

QUESTIONS

1 DOC 1 ET 2. Donner la latitude, la longitude et l'heure sur la première trame NMEA du doc. 2.

2 DOC 3 ET 4. Comment programmer l'étape « Vérifier qu'il s'agit d'une trame de GPS » ? À quelle étape de l'algorithme du doc. 3 fait-on intervenir un programme qui utilise l'instruction split ?

3 DOC 4. Comment récupérer la latitude, la longitude et l'altitude d'une trame NMEA à l'aide d'un programme en Python ?

4 CONCLUSION. Quelles sont les informations présentes dans une trame NMEA ? Comment peut-on les extraire ?

Voir **DICO SNT** p. 185

ACTIVITÉ 5

CAPACITÉS ATTENDUES :
Utiliser un logiciel pour calculer un itinéraire
Représenter un calcul d'itinéraire

Calculs d'itinéraires

Les applications de géolocalisation et de calcul d'itinéraires sont omniprésentes dans notre quotidien. Elles permettent de rechercher l'itinéraire le plus rapide ou le plus court mais aussi le moins cher ou le plus écologique.

? Comment calculer le meilleur itinéraire ?

DOC 1 Les applications de cartographie

Les applications de cartographie sur Internet, smarphones ou dans les GPS de voiture calculent le « meilleur » itinéraire suivant des critères définis. Elles utilisent de nombreuses informations (pré-enregistrées ou téléchargées en temps réel) pour calculer les itinéraires : distance, limitation de vitesse, travaux, temps de trajet réel enregistré, trafic en temps réel, accident, etc.

Itinéraires pour aller de Colombes à Villejuif

88 ■ Localisation, cartographie et mobilité

DOC 2 Graphe d'un réseau routier

Un réseau de villes et les routes qui les relient peuvent être représentés par un **graphe**. Le temps de trajet (exprimé en minute) est alors indiqué sur l'**arête** (lien) entre deux villes.

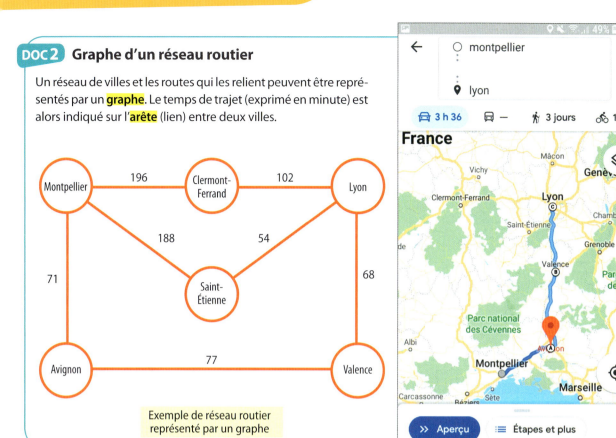

Exemple de réseau routier représenté par un graphe

DOC 3 Algorithme pour déterminer un itinéraire

L'**algorithme** simplifié suivant détermine un itinéraire en choisissant systématiquement la ville suivante (non choisie précédemment) la plus proche de la précédente. D'autres algorithmes plus complexes et plus efficaces sont utilisés par les systèmes de cartographie, comme l'algorithme de Dijkstra qui recherche à chaque étape le meilleur prédécesseur.

• Je comprends un algorithme

```
1  se placer dans la ville de départ
2  tant que la ville d'arrivée n'est pas atteinte
3    depuis la ville courante aller si possible dans la ville voisine (non déjà visitée) la plus proche
```

QUESTIONS

① DOC 1. Pourquoi les deux applications proposent-elles des itinéraires différents ? Quels sont selon vous les critères retenus dans chaque cas pour déterminer le meilleur itinéraire ?

② DOC 2. Quel est le temps de parcours de Montpellier à Lyon en passant par Clermont-Ferrand ? en passant par Saint-Étienne ? en passant par Avignon et Valence ? Quel est le meilleur parcours ?

③ DOC 3. Appliquer l'algorithme de recherche d'itinéraire dans le graphe du doc. 2 de Montpellier à Lyon, puis de Lyon à Montpellier. Cet algorithme donne-t-il l'itinéraire le plus court ? Pourquoi ?

④ CONCLUSION. En quoi les algorithmes et le traitement de l'information permettent-ils de trouver le meilleur itinéraire ?

Voir **DICO SNT** p. 185

COURS

Voir **DICO SNT** p. 185

DOC 1 Géolocalisation par satellites

1 • La géolocalisation

A Le fonctionnement des systèmes de géolocalisation

Les systèmes américain **GPS** et européen **Galileo** permettent la **géolocalisation** par satellite d'un récepteur, c'est-à-dire le calcul de la position du récepteur placé sur Terre.
La position de l'appareil est obtenue :
– en utilisant le décalage entre l'heure d'émission et l'heure de réception d'un message par le récepteur pour mesurer les distances entre le récepteur et chacun des trois satellites ;
– puis en calculant les coordonnées (latitude, longitude, altitude) du récepteur par **trilatération**, c'est-à-dire en repérant le point sur Terre correspondant aux distances calculées **(Doc 1)**.
En général, un quatrième satellite est utilisé pour corriger les éventuelles erreurs d'horloge.

→ Exercices 4 et 9, p. 94 et 96

DOC 2 Demande d'accès à la position sur un smartphone

B Partage de position

Il est possible d'activer ou de désactiver la géolocalisation dans les paramètres de confidentialité d'un smartphone. L'accès à la position du téléphone peut également être limité à certaines applications **(Doc 2)**.
Exemple Il est possible d'autoriser une application de cartographie à utiliser la position du téléphone mais d'interdire le partage de ces données dans les médias sociaux. → Activité 2, p. 82

→ Exercices 7, 11 et 12, p. 95 à 97

2 • Les cartes numériques

A Géoportail

Géoportail est un site public français permettant l'accès à des données géographiques ou géolocalisées. L'utilisateur peut superposer sur un fond de carte (carte de l'Institut national de l'information géographique et forestière, photographie aérienne, carte du relief) différentes **couches de données** (carte des transports, emplacement des hôpitaux, départements, etc.) de manière à créer une **carte numérique** personnalisée **(Doc 3)**. Géoportail permet aussi la localisation, le calcul de distances, de surfaces et d'itinéraires. → Activité 3, p. 84

→ Exercice 10, p. 96

DOC 3 Couches de données sur Géoportail

B OpenStreetMap

OpenStreetMap est un service de cartographie libre et collaboratif qui permet de visualiser, de modifier et d'utiliser des données géographiques. Il propose également le calcul d'itinéraire. Chacun peut contribuer à OpenStreetMap en ajoutant des informations manquantes ou en corrigeant des erreurs.
→ Activité 3, p. 84

Localisation, cartographie et mobilité

3 • La trame NMEA

A Définition

Des informations de géolocalisation peuvent être regroupées dans un message composé de 82 caractères maximum et respectant un certain nombre de règles (ou protocoles) : la **trame NMEA**. Il existe plusieurs types de trames NMEA. Celle créée par les GPS à partir des informations issues des satellites est appelée trame NMEA-0183.

→ Activité 4, p. 86

B Le décodage d'une trame NMEA

Une trame est constituée de **champs** séparés entre eux par des virgules et donnant les valeurs de différentes données comme l'heure, la latitude, la longitude, etc. **(Doc 4)**. Pour décoder une telle trame, cette dernière est analysée caractère par caractère, la virgule permettant de passer au champ suivant.

→ Exercice 5, p. 95

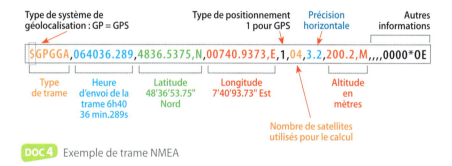

DOC 4 Exemple de trame NMEA

4 • Les calculs d'itinéraires

A Représentation sous forme de graphe

Trouver un itinéraire pour aller, par exemple, d'une ville à une autre revient à déterminer le « meilleur » chemin pour aller d'un point A à un point B sur un **graphe**. Les **sommets** du graphe représentent les intersections et les **arêtes** représentent les routes. Une valeur, comme la distance en km ou le temps de parcours en minutes, est attribuée aux arêtes **(Doc 5)**. La somme de ses valeurs permet d'estimer quel chemin est le meilleur.

→ Activité 5, p. 88

B Calcul d'itinéraire

De nombreux **algorithmes** permettent de déterminer le meilleur itinéraire suivant les critères entrés par l'utilisateur. Cette fonction est proposée par les GPS mais aussi par les plateformes de cartographie comme Géoportail et OpenStreetMap **(Doc 6)**. → Activité 5, p. 88

→ Exercices 6, 8 et 13, p. 95 à 97

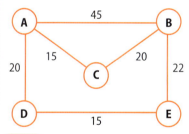

DOC 5 Un exemple de graphe avec le temps de parcours en minutes

DOC 6 Itinéraire sur OpenStreetMap

Localisation, cartographie et mobilité ■ **91**

L'essentiel — Localisation, cartographie et mobilité

AUDIO
Je retiens l'essentiel
lienmini.fr/3389-406

Je retiens par le texte

❶ Géolocalisation et confidentialité
La **géolocalisation** par satellite (systèmes **GPS** et **Galileo**) permet de déterminer la position d'un récepteur. Les coordonnées du point sont déterminées par **trilatération**. Les réglages des smartphones permettent d'autoriser ou de refuser la localisation de l'appareil.

❷ Cartes numériques
Les services de cartographies comme **Géoportail** peuvent afficher de nombreuses informations sur une carte sous la forme de **couches de données** et offrent des services de localisation et de calculs d'itinéraires. Le projet **OpenStreetMap** autorise de plus l'ajout collaboratif de données cartographiques.

❸ Trame NMEA
Le récepteur GPS crée un message à partir des informations de géolocalisation : la **trame NMEA**. Cette trame suit une structure précise déterminée par un **protocole**. Elle est constituée de **champs**, chacun contenant une information spécifique : l'heure, la latitude, la longitude, etc.

❹ Calculs d'itinéraires
La recherche du meilleur itinéraire d'un point à un autre peut être représentée sur un **graphe**. Le calcul d'itinéraire se fait à l'aide d'algorithmes prenant de nombreux paramètres en compte.

VOCABULAIRE

Champ : partie d'une trame contenant une information particulière.

Couches de données : ensemble d'informations repérées sur une carte pouvant être superposés les uns aux autres.

Galileo : système de positionnement par satellites européen.

Géolocalisation : procédé permettant de déterminer la position d'un élément par le calcul de ses coordonnées.

Géoportail : portail national de la connaissance du territoire mis en œuvre par l'IGN.

GPS : système de positionnement par satellites américain.

Graphe : ensemble de sommets reliés par des arêtes (ou liens).

OpenStreetMap : projet collaboratif de cartographie ayant pour but de constituer une base de données géographiques libre de la planète.

Protocole : ensemble de règles permettant à différents périphériques informatiques de dialoguer entre eux.

Trame NMEA : message composé de 82 caractères maximum contenant des informations de géolocalisation.

Trilatération : méthode mathématique de calcul de la position d'un objet d'après la mesure de ses distances par rapport à trois points connus.

Je retiens par l'image

ANIMATION
Je retiens l'essentiel
lienmini.fr/3389-407

Géolocalisation

Cartes numériques

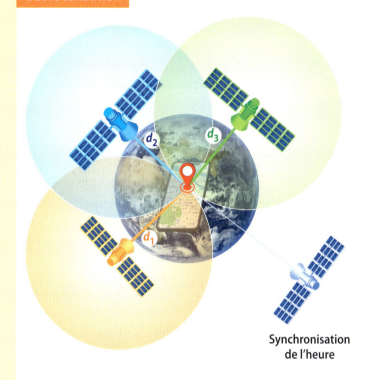

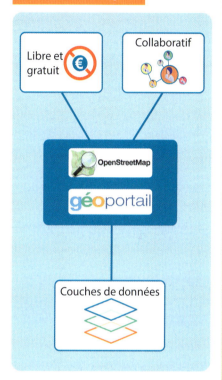

Synchronisation de l'heure

Trame NMEA

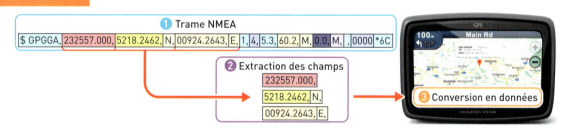

Calculs d'itinéraires

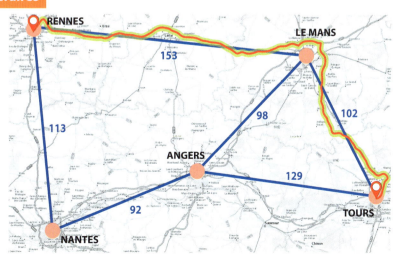

Localisation, cartographie et mobilité

EXERCICES

POUR VÉRIFIER SES ACQUIS

1 Vrai ou faux ?

Identifier les propositions exactes.

a. Il faut au moins trois satellites pour trouver les coordonnées d'un point par géolocalisation.

b. Galileo est l'autre nom du système GPS.

c. Il est possible de refuser le partage de la localisation dans les paramètres de confidentialité d'un téléphone.

d. Géoportail est un portail de cartographie privé.

e. Seuls les cartographes peuvent contribuer à OpenStreetMap.

f. Un GPS donne toujours le chemin le plus court en kilomètres.

2 QCM

Pour chaque proposition, identifier la bonne réponse.

a. Le GPS a été développé par :
☐ la France.
☐ les États-Unis.
☐ la Russie.

b. La distance entre le récepteur GPS et le satellite est calculée grâce :
☐ à une photo satellite.
☐ à la force du signal.
☐ aux heures d'arrivée et d'envoi du signal.

c. Une trame NMEA est :
☐ un message de 82 caractères au plus.
☐ une photo.
☐ un nombre compris entre 0 et 1 000.

d. Les itinéraires proposés par un GPS sont :
☐ calculés grâce à des algorithmes.
☐ préenregistrés dans le GPS.
☐ créés par les autres utilisateurs.

3 Qui suis-je ?

Recopier et compléter les phrases.

a. Les systèmes GPS et Galileo permettent la … par satellite d'un récepteur.

b. Le calcul des coordonnées d'un récepteur grâce aux distances qui le séparent de trois satellites est appelé la … .

c. Une … est constituée de champs séparés entre eux par des virgules et donnant les valeurs de différentes données.

→ *Vérifier vos réponses p. 188*

POUR S'ENTRAÎNER

4 Étapes de la géolocalisation

CAPACITÉ : Décrire le fonctionnement de la géolocalisation.

• Remettre les étapes de la géolocalisation dans l'ordre.

Ⓐ Calcul des distances séparant le récepteur et les satellites.
Ⓑ Réception des signaux par le GPS.
Ⓒ Écriture de la trame NMEA.
Ⓓ Calcul des coordonnées du récepteur par trilatération.
Ⓔ Envoi d'un signal par les satellites.

5 Décodage d'une trame NMEA CAPACITÉS : Décrire le fonctionnement de la géolocalisation. Décoder une trame NMEA.

Voici une trame NMEA fournie par un GPS à 10 h 18 min 37,020 s :

`$GPGGA,101837.094,4846.1222,N,00207.6691,E,1,04,0.0,155.6,M,,,,*49`

1. Par quel caractère sont séparés les champs de la trame ?

2. L'heure d'envoi du message par le satellite est codée dans le deuxième champ. Combien de temps l'onde envoyée par le satellite a-t-elle mis pour parvenir au récepteur ?

3. L'onde se déplace à la vitesse de la lumière soit 300 000 km/s. Calculer la distance entre le récepteur GPS et le satellite.

4. La latitude est codée dans les troisième et quatrième champs et la longitude dans les cinquième et sixième champs. Déterminer les coordonnées du GPS.

6 Graphe et calcul d'itinéraire CAPACITÉ : Représenter un calcul d'itinéraire.

Les distances et temps de parcours par des routes directes entre villes sont indiqués dans le tableau ci-contre :

	Lonay	Genève	Les Gets	Montreux
Lonay		53 km, 1 h	Pas de route directe	35 km, 41 min
Genève	53 km, 1 h		74 km, 1 h	82 km, 1 h 35 min
Les Gets	Pas de route directe	74 km, 1 h		86 km, 1 h 23 min
Montreux	35 km, 41 min	82 km, 1 h 35 min	86 km, 1 h 23 min	

1. Représenter par un graphe les positions relatives de ces villes. Une arête représente une route directe. On notera la longueur et le temps du trajet entre les villes sur les arêtes.

2. Quel est le trajet le plus rapide entre Lonay et Les Gets ?

3. Quel est le trajet le plus court entre Lonay et Les Gets ?

7 Réglages de localisation sur téléphone CAPACITÉ : Régler les paramètres de confidentialité d'un téléphone.

Sur un téléphone, il est possible d'autoriser la localisation par la recherche de la borne Wifi la plus proche.

1. Dans chaque cas du tableau ci-contre, préciser si la localisation du téléphone est possible ou non.

2. Suffit-il de désactiver le GPS pour éviter la localisation ?

3. Dans quels cas, l'activation de la recherche Wifi permet-elle une localisation impossible par GPS ?

	Localisation GPS	Recherche Wifi
1	ON	ON
2	ON	OFF
3	OFF	ON
4	OFF	OFF

8 Réglage d'un GPS CAPACITÉ : Utiliser un logiciel pour calculer un itinéraire.

Léna utilise Géoportail pour calculer son itinéraire entre Le Havre et Rouen. Dans un cas, il demande l'itinéraire le plus rapide sans péage ; dans un autre cas, le plus court ; dans le dernier cas, le plus rapide avec péage.

Itinéraire	A	B	C
Distance	86,247 km	89,949 km	89,801 km
Durée	1 h 45	56 min	1 h 22

• Préciser à quelle demande correspondent les itinéraires A, B et C.

Localisation, cartographie et mobilité ■ 95

EXERCICES

POUR S'ENTRAÎNER À PROGRAMMER

9 Calcul de la distance entre un satellite et son récepteur GPS

CAPACITÉ : Décrire le fonctionnement de la géolocalisation.

Afin d'estimer la distance entre un satellite et un récepteur GPS, la fonction *tempsParcours* calcule l'écart de temps, en secondes, entre l'heure d'arrivée et l'heure d'envoi du message.

• **Je comprends un programme**

```
1  def tempsParcours(h1,m1,s1,h2,m2,s2):
2      t1=h1*3600+m1*60+s1
3      t2=h2*3600+m2*60+s2
4      return t2-t1
```

Coup de pouce Python
• La ligne 1 crée une fonction nommée *tempsParcours* avec les variables *h1*, *m1*, *s1* et *h2*, *m2*, *s2* donnant les heures, minutes et secondes de l'heure d'envoi et de l'heure d'arrivée.
• La ligne 4 renvoie la différence entre les deux horaires convertie en secondes.

 Besoin d'aide pour comprendre une fonction ? Revois la Méthode, p. 181

1. Expliquer les lignes 2 et 3 du programme.

2. Le message se déplace à environ 300 000 km/s. Recopier et compléter le programme ci-dessous qui calcule la distance entre le satellite et le récepteur GPS.

• **Je complète un programme**

```
1  def tempsParcours(h1,m1,s1,h2,m2,s2):
2      t1=h1*3600+m1*60+s1
3      t2=h2*3600+m2*60+s2
4      return t2-t1
5  h1=int(input("Heure d'envoi: h=?"))
6  m1=int(input("Heure d'envoi: min=?"))
7  s1=int(input("Heure d'envoi: sec=?"))
8  h2=int(input("Heure de réception: h=?"))
9  m2=int(input("Heure de réception: min=?"))
10 s2=int(input("Heure de réception: sec=?"))
11 durée=tempsParcours(h1,m1,s1,h2,m2,s2)
12 distance=.............................
13 print("La distance est de ",distance,"km")
```

Coup de pouce Python
• Les lignes 5 à 10 permettent la saisie par l'utilisateur des heures, minutes, secondes d'envoi et de réception du message.
• La ligne 11 appelle la fonction qui estime la durée du trajet du message en secondes.
• La ligne 12 calcule la distance en km.
• La ligne 13 affiche la distance en km.

 Besoin d'aide pour écrire une fonction ? Revois la Méthode, p. 181

10 Calcul d'échelle

CAPACITÉ : Identifier les différentes couches d'informations de Géoportail.

Pour régler l'échelle d'une carte, on écrit le programme suivant :

• **J'exécute un programme**

```
1  longueurReelle=float(input("Longueur réelle en km ?"))
2  longueurCarte=float(input("Longueur réelle en cm ?"))
3  echelleInv=longueurReelle*100000/longueurCarte
4  print("L'échelle est au 1-",echelleInv, "ème")
```

Coup de pouce Python
• Les lignes 1 et 2 permettent la saisie par l'utilisateur d'une longueur réelle en km et de la longueur attendue sur la carte.

 Besoin d'aide pour comprendre un programme ? Revois la Méthode, p. 175

1. Expliquer la ligne 3 du programme.

2. Exécuter ce programme pour les valeurs *longueurReelle*=20km et *longueurCarte*=5cm.

11 Réglages de confidentialité du téléphone

CAPACITÉ : Régler les paramètres de confidentialité d'un téléphone.

Les autorisations d'accès aux données « Position » d'un téléphone sont données ci-contre :

• **Je comprends un algorithme**

```
1  si la localisation du téléphone est autorisée et qu'il y a du réseau
2     enregistrer localisation et l'envoyer au serveur
3  sinon si la localisation est autorisée et qu'il n'y a pas de réseau
4     enregistrer localisation
5  sinon
6     ne rien enregistrer
```

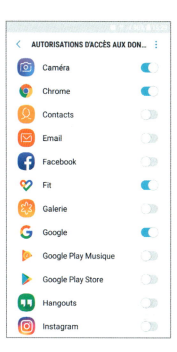

Que fait l'algorithme dans les cas suivants ?
1. Pour l'application Caméra lorsqu'il n'y a pas de réseau.
2. Pour l'application Chrome lorsqu'il y a du réseau.
3. Pour l'application Facebook lorsqu'il y a du réseau.

12 Demande d'accès à la localisation sur téléphone

CAPACITÉ : Régler les paramètres de confidentialité d'un téléphone.

Le programme suivant simule les demandes de partage de position d'une application.

• **Je modifie un programme**

```
1  statutAppli="En attente"
2  while statutAppli=="En attente":
3      reponse=input("Autoriser l'application à accéder à la localisation?")
4      if reponse=="Autoriser":
5          statutAppli="Autorisé"
6      print("L'accès à la position est",statutAppli)
```

Coup de pouce Python

• Les instructions des lignes 3 à 6 sont exécutées tant que la condition de la ligne 2 est vérifiée.

👍 Besoin d'aide pour comprendre une boucle ? Revois la Méthode, p. 179

1. Que fait le programme quand on ne répond pas « Autoriser » à la question « Autoriser l'application à accéder à la localisation ? »
2. Modifier ce programme pour qu'il cesse de demander l'autorisation d'accès lorsque l'on répond « Ne plus me demander ».

13 Comparaison de deux itinéraires

CAPACITÉ : Utiliser un logiciel pour calculer un itinéraire.

• Traduire en programme Python l'algorithme suivant qui calcule le temps de parcours et la consommation en fonction des distances parcourues sur différents types de route.

• **Je traduis un algorithme en programme**

```
demander les valeurs de distanceVille, distanceDepartementale, distanceNationale et distanceAutoroute à l'utilisateur
temps←distanceVille/40+distanceDepartementale/70+distanceNationale/75+distanceAutoroute/125
consommation←distanceVille*5+distanceDepartementale*4.8+distanceNationale*4.9+distanceAutoroute*6
afficher temps et consommation
```

Localisation, cartographie et mobilité ■ 97

#LE NUMÉRIQUE ET VOUS

CAPACITÉ TRANSVERSALE :
Développer une argumentation dans le cadre d'un débat

DÉBATS — Traceurs GPS : sécurité ou danger ?

LE DÉBAT
Faut-il utiliser des traceurs GPS pour surveiller les personnes ?

Montre connectée pour enfant

Les traceurs GPS sont de plus en plus utilisés dans de nombreux domaines : pour suivre à distance les véhicules d'une entreprise, pour sécuriser des biens, pour surveiller des enfants, des personnes âgées ou des animaux, pour se protéger lors d'activités sportives à risques. Mais ils peuvent être utilisés dans des buts contestables et parfois même dans des conditions illégales. L'utilisation d'un traceur GPS peut donc présenter de nombreux avantages, mais mène parfois à des dérives.

ACTIVITÉS

1. En quoi les traceurs GPS améliorent-ils la sécurité des personnes et des biens ?
2. Quelles sont les limites légales de l'utilisation des traceurs ? Peut-on géolocaliser un individu à son insu ?
3. Quelles sont les dérives possibles ?

CAPACITÉS TRANSVERSALES :
Coopérer au sein d'une équipe, rechercher de l'information

EXPOSÉ — Les voitures autonomes

Les systèmes de géolocalisation ne cessent de se développer et sont de plus en plus performants. Ils prennent des formes diverses et ont de multiples applications. En particulier, les constructeurs automobiles et de grandes entreprises high-tech ont créé des véhicules capables de se déplacer sans l'intervention de l'homme grâce à leur intelligence artificielle. Pour pouvoir rouler sans conducteur, une voiture autonome est équipée de capteurs permettant de détecter les bords de la route, les obstacles et d'autres informations. Ces données sont ensuite traitées par un logiciel installé sur un ordinateur embarqué pour actionner les commandes nécessaires à la conduite.

VIDÉO
Qu'est-ce qu'une voiture autonome ?
lienmini.fr/3389-409

ACTIVITÉS

Réaliser par groupe de deux ou trois un exposé sur un des thèmes suivants :

1. Le développement des voitures autonomes, de la création à nos jours.
2. Le fonctionnement des véhicules autonomes.
3. Les données utilisées par les voitures autonomes.
4. Les questions morales et juridiques.
5. En quoi les véhicules autonomes vont-ils changer nos villes ?

Voiture autonome

Localisation, cartographie et mobilité

CAPACITÉS TRANSVERSALES :
Rechercher de l'information, apprendre à utiliser des sources de qualité

MINI-PROJET — OpenStreetMap

Le projet collaboratif OpenStreetMap permet à chaque utilisateur d'enregistrer des informations sur une carte en libre accès et visible par tous. Les cartographes bénévoles ajoutent et corrigent les données des routes, chemins, cafés, gares, etc. partout dans le monde. Ils utilisent l'imagerie aérienne, les récepteurs GPS, les données recueillies sur place et les cartes classiques du terrain pour vérifier que les données d'OpenStreetMap sont complètes, exactes et à jour.

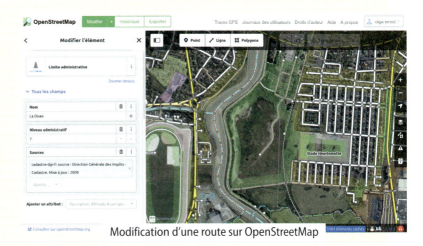

Modification d'une route sur OpenStreetMap

ACTIVITÉS

1. Sur www.openstreetmap.fr, remplir le formulaire afin de procéder à votre inscription. Une fois l'inscription validée par e-mail, suivre le tutoriel.
2. Compléter la carte de votre quartier, par exemple en la comparant avec les cartes satellites ou en ajoutant des noms de rues, de magasins, d'éléments spécifiques (pistes cyclables, boîtes aux lettres, fontaine, graffitis, etc.).

CAPACITÉS TRANSVERSALES :
Rechercher de l'information, apprendre à utiliser des sources de qualité

MÉTIER — Géomaticien/Géomaticienne

Le géomaticien est un expert qui recueille les informations géographiques, les enregistre, les administre et les exploite à l'aide de moyens informatiques. Il utilise ces données pour modéliser le territoire. Il élabore des cartes pour des collectivités territoriales ou des clients privés. Ces cartes permettent de rendre les données compréhensibles et accessibles. Elles constituent une aide indispensable aux actions d'études, de protection, de gestion et de valorisation des territoires.

Une géomaticienne effectuant des relevés

ACTIVITÉS

1. Quelles sont les principales fonctions d'un géomaticien ?
2. Dans quels secteurs sont principalement employés les géomaticiens ?
3. Quelle formation faut-il suivre ?

VIDÉO

Découvrons le métier de géomaticien
lienmini.fr/3389-410

Localisation, cartographie et mobilité ■ 99

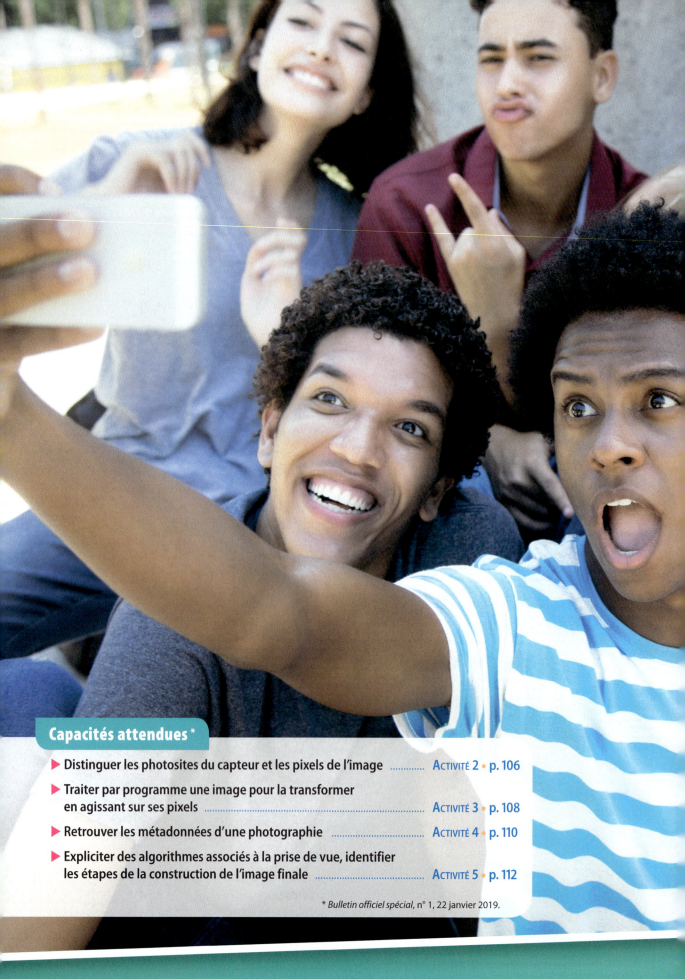

Capacités attendues *

▶ Distinguer les photosites du capteur et les pixels de l'image .... ACTIVITÉ 2 • p. 106

▶ Traiter par programme une image pour la transformer
en agissant sur ses pixels .... ACTIVITÉ 3 • p. 108

▶ Retrouver les métadonnées d'une photographie .... ACTIVITÉ 4 • p. 110

▶ Expliciter des algorithmes associés à la prise de vue, identifier
les étapes de la construction de l'image finale .... ACTIVITÉ 5 • p. 112

* *Bulletin officiel spécial*, n° 1, 22 janvier 2019.

Des adolescents prenant des selfies

THÈME 5

La photographie numérique

Pour commencer
une vidéo interactive

Photographie numérique, du réel aux pixels ?

4.16

Répondez au quiz intégré à la vidéo.

lienmini.fr/3389-501

POUR TESTER SES CONNAISSANCES

→ Vérifier vos réponses p. 188

Pour chacune des questions, choisissez la bonne réponse à l'aide de vos connaissances.

1 Photographie numérique et stockage

1 L'appareil photo d'un smartphone permet de réaliser des photos :
  a. argentiques.
  b. numériques.
  c. voltaïques.

2 Les photos d'un smartphone peuvent être stockées :
  a. sur la carte mémoire.
  b. sur l'objectif.
  c. dans le capteur.

3 L'espace mémoire nécessaire pour enregistrer une photo numérique se mesure en :
  a. octets.
  b. watts.
  c. pouces.

Évolution du nombre de photographies prises dans le monde

Avec la démocratisation des smartphones, des milliards de photographies sont prises chaque année. Elles sont de plus en plus volumineuses. Les cartes mémoires permettent maintenant de stocker de nombreux gigaoctets.

2 Qualité d'une image numérique

1 Le plus petit élément d'une image numérique est :
  a. le picto.
  b. le pixel.
  c. l'octet.

2 Une image est de meilleure qualité lorsqu'elle est en :
  a. haute résolution.
  b. résolution moyenne.
  c. basse résolution.

3 Lorsque l'on agrandit une image, elle est :
  a. plus nette.
  b. toujours aussi nette.
  c. moins nette ou aussi nette.

La Joconde pixélisée

La qualité des photos varie selon leur résolution. Si la qualité est insuffisante, on dit que l'image est pixélisée.

102 ■ La photographie numérique

3 Modification d'image

1 L'extension d'un fichier image est :
   a. wav
   b. jpg
   c. txt

2 Une photo compressée :
   a. a des couleurs plus vives.
   b. prend moins d'espace mémoire.
   c. est en noir et blanc.

3 Un filtre photographique permet :
   a. de trier les images.
   b. de modifier une image numérique.
   c. d'enregistrer une image.

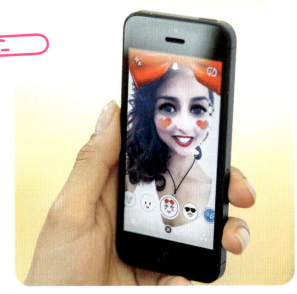

Filtre d'un smartphone

Les appareils photos actuels permettent d'enregistrer des photos dans différents formats comme le Jpeg et de les compresser si nécessaire. On peut aussi appliquer différents filtres aux images.

4 Droit et image

1 Mettre la photo de quelqu'un sur Internet nécessite :
   a. de demander son accord.
   b. d'écrire son nom sous la photo.
   c. de ne rien lui dire.

2 Une photo sur Internet :
   a. est toujours gratuite et réutilisable librement.
   b. peut toujours être utilisée mais est parfois payante.
   c. n'est pas toujours librement réutilisable.

3 Lorsque l'on envoie un selfie à quelqu'un :
   a. son utilisation est incontrôlable.
   b. il est facile de contrôler sa diffusion.
   c. il peut être supprimé quand on le désire.

Une adolescente découvrant une photo diffusée sans son consentement

Ne publiez pas de photos gênantes de vos amis, votre famille ou de vous-même car leur diffusion est incontrôlable.

La photographie numérique ■ 103

ACTIVITÉ 1
Repères historiques

1827
La naissance de la photographie

En 1827, le Français Nicéphore Niépce fixe pour la première fois une image (la vue depuis la fenêtre de sa maison) sur un support. Il s'agit d'une plaque d'étain recouverte d'une sorte de goudron qui réagit chimiquement avec la lumière. L'image nécessite alors plusieurs jours de pose. Mais la photographie ne naît officiellement que le 7 janvier 1839, jour de la présentation des travaux de Niépce et de son partenaire Louis Daguerre à l'Académie des sciences. Ce dernier remplace ensuite le goudron par de l'iodure d'argent, réduisant la pose à quelques dizaines de minutes et ouvrant la voie à la photographie argentique.

La première photographie au monde, le *Point de vue du Gras*

1900

1861
Le début de la photographie en couleur

La première photographie en couleur, prise par l'Anglais Thomas Sutton et l'Écossais James Clerk Maxwell en 1861, représente un ruban de tissu. Elle est obtenue grâce à des prises de vue du ruban sous trois filtres différents : un filtre rouge, puis un vert et un bleu. Les plaques ont été développées et projetées sur un écran par trois projecteurs, chacun avec le même filtre coloré que celui utilisé lors de la prise de vue. L'image créée à partir des trois sources lumineuses colorées forme alors une image en couleur. Ce procédé s'inspire de la vision des couleurs de l'œil humain. Il est aujourd'hui à la base du codage **RVB** permettant à nos écrans d'afficher des millions de couleurs.

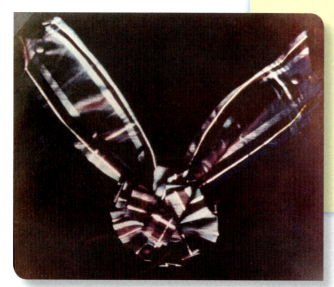

La première photographie en couleur fut celle d'un ruban à carreaux

104 ■ La photographie numérique

1957
La première photo numérisée

L'Américain Russell Kirsh est l'un des premiers à numériser une photo en 1957. Sa résolution est très faible (l'image est donc peu détaillée), sa taille très petite (5 cm^2), et elle n'est pas en couleur mais en niveaux de gris. Cette technologie a alors pour but de transférer une photo argentique papier vers un ordinateur pour la mettre en mémoire ou encore l'afficher à l'écran.

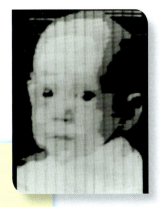

Walden, le fils de 3 ans de Russel Kirsh, a été le sujet d'une des premières photos numérisées !

Le prototype du premier appareil photo numérique qui pesait 3,6 kg !

1975
L'apparition des appareils photo numériques

Le premier appareil photo numérique, c'est-à-dire capable d'enregistrer une image sous forme de **bits** dans sa mémoire, est créé en 1975 pour la société américaine Kodak par Steven J. Sasson. Cet appareil utilise un capteur CCD et enregistre des images en noir et blanc sur des cassettes, un processus qui prend 23 secondes !

L'un des premiers capteurs CCD

1969
L'invention du capteur CCD

En 1969, l'invention du **capteur CCD** (*charge coupled device*, en français « dispositif à tranfert de charge ») par le Canadien Willard Boyle et l'Américain George E. Smith révolutionne la photographie. On passe d'une pellicule photo à une plaque, composée de **photosites**, c'est-à-dire de petites cellules photoélectriques qui captent la lumière pour chaque **pixel** constituant l'image. C'est ce capteur qui transforme ce que vous voyez à travers votre viseur en une image numérique.

2000
Les téléphones portables avec appareil photo

Les premiers téléphones portables capables de prendre des photos ont été vendus par Sharp et Samsung en 2000, démocratisant ainsi la photo numérique. Aujourd'hui, plus de 1 000 milliards de photos sont prises chaque année par des smartphones, soit plus de 85 % des photos dans le monde.

Le Samsung SGH-V200, l'un des premiers téléphones avec appareil photo intégré

VIDÉO 2:34
DÉCOUVRONS L'HISTOIRE DE LA PHOTOGRAPHIE
lienmini.fr/3389-503

QUESTIONS

① Comparer la vitesse de l'évolution des technologies de la photographie argentique avec celles de la photographie numérique.

② Indiquer les différences fondamentales entre une photographie argentique et une photographie numérique.

③ Que change le capteur CCD pour la photographie ?

Voir **DICO SNT** p. 185

La photographie numérique ■ 105

ACTIVITÉ 2

CAPACITÉ ATTENDUE :
Distinguer les photosites du capteur et les pixels de l'image

L'œil et le capteur photographique

L'appareil photo numérique, largement inspiré de l'œil humain, permet de capturer puis d'enregistrer les images de manière à reproduire ce que nous voyons le plus fidèlement possible.

? En quoi l'image produite dépend-elle des caractéristiques du capteur et du réglage de l'appareil ?

DOC 1 — La vision humaine

Les rayons lumineux sont projetés au fond de l'œil sur la rétine. Celle-ci comprend des cellules sensibles à la lumière : les **cônes**. Certains cônes perçoivent la couleur rouge, d'autres la couleur verte et d'autres la couleur bleue. Les cônes sensibles au vert sont les plus présents chez l'être humain. Ils transforment l'énergie lumineuse en impulsion électrique. Cette impulsion est transmise au cerveau par l'intermédiaire du nerf optique. La couleur est ensuite reconstituée par le cerveau par addition du rouge, du vert et du bleu.

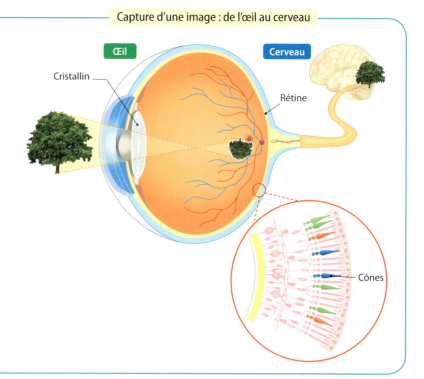

Capture d'une image : de l'œil au cerveau

DOC 2 — L'appareil photo numérique

Les rayons lumineux sont projetés dans l'appareil photo sur le **capteur photographique**. Celui-ci est constitué de cellules sensibles à la lumière. La mesure de l'intensité lumineuse est transformée en données numériques puis stockée dans la mémoire de l'appareil.

VIDÉO
De l'argentique au numérique
lienmini.fr/3389-504

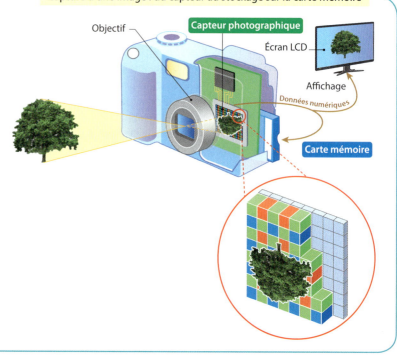

Capture d'une image : du capteur au stockage sur la carte mémoire

106 ■ La photographie numérique

DOC 3 **Le fonctionnement du capteur photographique**

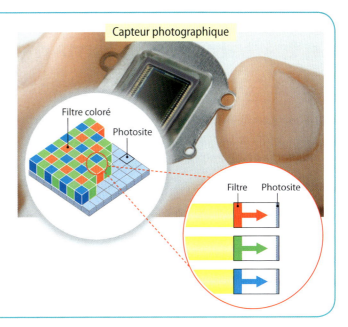

Le capteur photographique de l'appareil photo est composé de cellules sensibles à la lumière (on parle de cellules photosensibles) : les **photosites**. Ces cellules sont recouvertes de filtres colorés ne laissant passer que les rayons d'une seule couleur : rouge, vert ou bleu (2 verts, 1 bleu et 1 rouge par carré). Elles mesurent ainsi l'intensité lumineuse des rayons rouges (R), des rayons verts (V) et des rayons bleus (B). La **définition d'un capteur** est le nombre total de ses photosites.

DOC 4 **Les pixels d'une image**

Après la capture d'une image, les données de couleurs sont enregistrées sous la forme d'un « tableau de **pixels** », c'est-à-dire de petits carrés d'une couleur donnée. Une image est formée de millions de pixels, plus ils sont nombreux plus l'image est précise.

Dans l'appareil photo, il est possible de régler :
– la **définition d'une photo**, soit le nombre total de pixels qui composent l'image (nombre de pixels en longueur × nombre de pixels en hauteur, par exemple 2048 × 1152) ;
– la **résolution d'une photo**, soit le nombre de pixels par unité de longueur. Elle s'exprime en général en pixels par pouce (ppp). Elle est utilisée pour connaître la qualité d'une image sur un écran ou imprimée.

QUESTIONS

① **DOC 1 ET 2.** Comparer la capture d'une image par un œil humain et par un appareil photo.

② **DOC 1 ET 3.** Comparer la structure de la rétine d'un œil et celle d'un capteur photo.

③ **DOC 4.** Quel réglage permet d'obtenir des photos de meilleure qualité ?

④ **CONCLUSION.** Que représentent la définition du capteur et la définition d'une photo ? Le nombre de pixels de la photo est-il nécessairement égal au nombre de photosites du capteur ?

Voir **DICO SNT** p. 185

La photographie numérique ■ 107

ACTIVITÉ 3

CAPACITÉ ATTENDUE :
Traiter par programme une image pour la transformer en agissant sur ses pixels

Le traitement de l'image : de la couleur aux niveaux de gris

Les photographies prises par un smartphone ou un appareil photo peuvent être modifiées à l'aide de filtres. Certains de ces filtres permettent de passer d'une photographie en couleur à une image en niveaux de gris.

? Comment passer d'une image couleur à une image en niveaux de gris ?

DOC 1 — Le codage d'une image en niveaux de gris

Une image en **niveaux de gris** est une image dont les couleurs varient du blanc au noir.
Chaque pixel est codé par le niveau de l'intensité lumineuse, généralement un nombre entier compris entre 0 et 255. La valeur 0 correspond à une intensité lumineuse nulle, le noir, tandis que la valeur 255 représente l'intensité lumineuse maximale, le blanc.

Valeur de niveaux de gris d'une image numérique

0   50   87   162   209   255

TUTO

Comment visualiser le code RVB d'une couleur ?
lienmini.fr/3389-505

DOC 2 — Le codage d'une image en couleur

La couleur d'un pixel est représentée par trois valeurs : celle du rouge (R), celle du vert (V) et celle du bleu (B) qui la composent. Chaque valeur est comprise entre 0 et 255.

Couleurs primaires

Quelques couleurs et leur code RVB

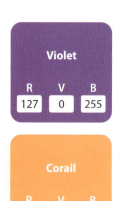

108 ■ La photographie numérique

DOC 3 — L'extraction du code couleur sur une image

La pipette à couleurs d'un logiciel de retouche photo permet de récupérer le code RVB d'un pixel. Ci-dessous, on a prélevé la couleur d'un même pixel sur une image en couleur, puis sur cette image après passage en niveaux de gris.

Image en couleur

Image en niveaux de gris

Quantité de rouge
Quantité de vert
Quantité de bleu

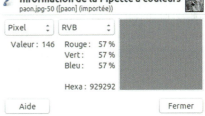

DOC 4 — Programme de passage de la couleur en niveaux de gris

Le programme Python suivant permet de passer d'un pixel couleur codé en RVB (mélange des trois couleurs rouge, vert, bleu) à un pixel en niveaux de gris.

• **J'exécute un programme**

```
1  R=int(input("Rouge="))
2  V=int(input("Vert="))
3  B=int(input("Bleu="))
4  G=int(0.11*R+0.83*V+0.06*B)
5  print("G=",G)
```

Coup de pouce Python
- Les lignes 1, 2 et 3 créent les variables R (rouge), V (vert) et B (bleu) du pixel.
- La ligne 4 calcule la valeur du pixel G en niveaux de gris.
- La ligne 5 affiche le niveau de gris G.

Besoin d'aide pour écrire un programme ? Revois la Méthode p. 175

QUESTIONS

① **DOC 1.** Combien y a-t-il de niveaux de gris possibles ? Le niveau de gris de valeur 125 est-il plus près du noir ou du blanc ?

② **DOC 2.** Que remarque-t-on pour les valeurs R, V, B d'une couleur grise ? Quelles sont les valeurs RVB du blanc ?

③ **DOC 3 ET 4.** Exécuter le programme pour le code RVB du pixel de l'image en couleur. Comparer à la valeur de gris obtenue à l'aide de la pipette (doc 3).

④ **CONCLUSION.** Lors du changement de couleurs d'une image, que modifie-t-on pour chacun de ses pixels ?

Voir **DICO SNT** p. 185

La photographie numérique ■ 109

ACTIVITÉ 4

CAPACITÉ ATTENDUE :
Retrouver les métadonnées d'une photographie

Les différents formats, les données EXIF

Les appareils photos numériques permettent de choisir le format d'enregistrement. Ils enregistrent également de nombreuses informations sur les conditions de la prise de vue : objectif, vitesse, diaphragme, mise au point, localisation, etc.

? Comment retrouver et interpréter les informations d'une photographie ?

DOC 1 · La profondeur de couleurs

La **profondeur de couleurs**, dont l'unité est le « bits par pixel » (**bpp**), désigne le nombre de bits utilisés dans la mémoire de l'appareil photo pour représenter la couleur d'un pixel dans une image.

Une plus grande profondeur de couleurs, ce qui nécessite un plus grand nombre de bits, permet une plus grande échelle de nuances dans les couleurs.

4 bpp : 16 couleurs

8 bpp : 256 couleurs

24 bpp : 16 millions de couleurs

DOC 2 · Différents formats d'enregistrement

Une même image peut être enregistrée dans différents **formats** dans un appareil photo numérique. La mémoire nécessaire à son enregistrement, c'est-à-dire le **poids** de l'image, est mesurée en kilooctets, notés Ko, ou en mégaoctets, notés Mo.

Nom	Format	Profondeur de couleur	Poids	Qualité de l'image
paysage.raw	Raw	48 bpp	24 Mo	Excellente
paysage.tiff	Tiff	48 bpp	2,3 Mo	Bonne
paysage.jpg	Jpeg	24 bpp	210 Ko	Correcte

110 ■ La photographie numérique

DOC 3 Réduire le poids d'une image

La **compression** permet de modifier une image afin de réduire son poids. On distingue les compressions avec perte d'informations et les compressions sans perte. Le format Jpeg utilise un algorithme de compression de données qui retire certains détails peu visibles pour l'œil humain et réduit la profondeur de couleur. Plus la compression est importante, plus l'image est dégradée.

Effets d'une compression Jpeg importante sur une image

Image non compressée

Image compressée

DOC 4 Les métadonnées, qu'est-ce que c'est ?

Les appareils photos numériques enregistrent de nombreuses informations sur les photos dans un fichier au format **EXIF**, ce sont les **métadonnées**. Une partie de ces données peut être lue directement sur l'écran de l'appareil ou dans les propriétés de l'image sur ordinateur ou un smartphone. Seuls des logiciels ou applications spécialisés permettent d'accéder à toutes les métadonnées.

Métadonnées sur l'écran d'un appareil photo

Affichage des métadonnées sur une application pour smartphone

QUESTIONS

① **DOC 1.** Quels sont les avantages et les inconvénients des images ayant une grande profondeur de couleurs ?

② **DOC 2 ET 3.** Expliquer la différence entre les formats Raw, Jpeg et Tiff. Lequel de ces formats conviendra le mieux à un photographe professionnel souhaitant retravailler une image ?

③ **DOC 1 ET 3.** Pourquoi dit-on que le format Jpeg est une compression avec perte ?

④ **DOC 4.** Peut-on retrouver la géolocalisation d'une photo grâce aux métadonnées ?

⑤ **CONCLUSION.** Comment peut-on retrouver les métadonnées d'une photo ? À quoi servent-elles ?

Voir **DICO SNT** p. 185

ACTIVITÉ 5

CAPACITÉS ATTENDUES :
Expliciter des algorithmes associés à la prise de vue, identifier les étapes de la construction de l'image finale

Construction d'une image et algorithmes de prise de vue

Les appareils photos numériques offrent une assistance lors de la prise de vue et du traitement de l'image grâce à de nombreux algorithmes perfectionnés. Ces derniers permettent ainsi de réaliser des photos d'excellente qualité, même avec un objectif et un capteur minuscules comme ceux des téléphones mobiles.

? Quels sont ces algorithmes et quand interviennent-ils dans la construction de l'image ?

DOC 1 Algorithme de stabilisation mécanique

Le **stabilisateur d'image** permet de corriger les vibrations de l'appareil afin d'améliorer la netteté de l'image. Pour compenser les mouvements du photographe, le capteur photo est placé sur un support mobile. Lorsqu'un mouvement involontaire est détecté, le support mobile se déplace pour stabiliser le capteur.

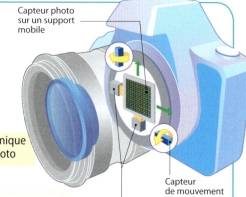

Stabilisateur mécanique d'un appareil photo

- Capteur photo sur un support mobile
- Capteur de mouvement
- Aimants permettant de déplacer le support du capteur photo

• **Je comprends un algorithme**

```
1  si un mouvement est détecté par un capteur de mouvement, alors
2      déplacer le support du capteur photo dans le sens opposé au mouvement
```

DOC 2 Algorithme de correction du flou

La stabilisation numérique corrige le flou lié au mouvement :
– en diminuant le délai entre la prise de vue et le déclenchement de la photo ;
– ou en prenant rapidement plusieurs photos pour conserver la plus nette.
C'est le mode de stabilisation de base présent dans les appareils qui ne sont pas équipés de stabilisation mécanique. Elle est réalisée avant l'enregistrement de la photo au format Raw.

Photographie d'un coureur en mouvement
sans stabilisation — avec stabilisation numérique

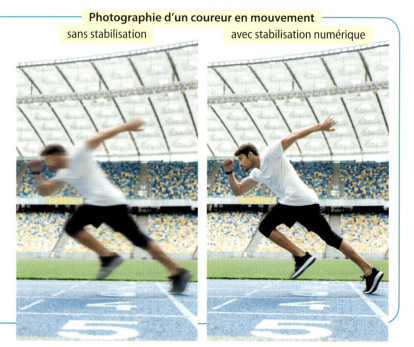

112 ■ La photographie numérique

DOC 3 Algorithme d'aide à la mise au point : le *focus peaking*

Le *focus peaking* est une fonction d'aide à la mise au point proposée dans le menu de prise de vue de certains téléphones. Le smartphone détecte les bords les plus contrastés des objets et les met en évidence avec des couleurs. On peut donc voir presque immédiatement les zones nettes de l'image.

• Je comprends un algorithme

```
1  pour chaque pixel,
2     si le contraste avec un pixel voisin est fort, alors
3         colorier le pixel en vert.
```

En vert, le *focus peaking* qui indique la zone de mise au point

DOC 4 Algorithme de correction des couleurs

Les couleurs capturées par les photosites du capteur peuvent parfois sembler fades pour l'œil humain ou bien trop intenses. L'intensité de la couleur est mesurée par la **saturation**. Un traitement numérique, après l'enregistrement de la photo au format Raw et avant la compression, est alors nécessaire. Il est effectué par des algorithmes de correction de la saturation des couleurs. Les smartphones proposent plusieurs réglages de saturation dans les filtres. L'image est traitée numériquement à partir de la même prise de vue pour corriger la saturation des couleurs.

Filtres de saturation

Sans correction	Saturation moyenne	Saturation forte
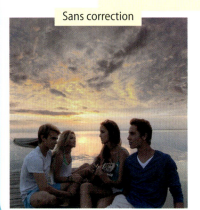	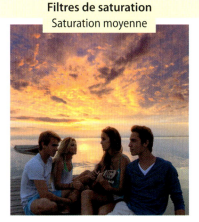	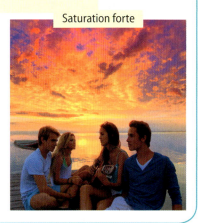

QUESTIONS

① DOC 1 ET 2. Expliquer la différence entre un stabilisateur mécanique et un stabilisateur numérique.

② DOC 3. Que permet le *focus peaking* ?

③ DOC 4. La correction de la saturation intervient-elle avant ou après la capture de l'image ?

④ CONCLUSION. Préciser dans quel ordre sont effectuées les actions suivantes lors de la construction d'une image : capture, stabilisation et aide à la mise au point, correction des couleurs, enregistrement au format Raw, compression et enregistrement au format Jpeg.

Voir **DICO SNT** p. 185

COURS

Voir **DICO SNT** p. 185

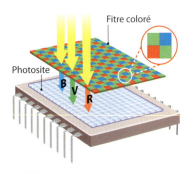

DOC 1 Capteur d'un appareil photo

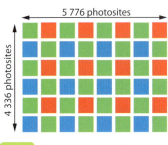

DOC 2 Capteur de 25 millions de photosites

1 • La capture d'une image

A Le capteur

Un **capteur** photo transforme l'énergie lumineuse en un signal électrique. Il est en général composé d'une grille de **photosites**, c'est-à-dire de cellules mesurant l'intensité lumineuse reçue. → Activité 2, p. 106

Afin de mesurer les valeurs des couleurs entrantes dans l'appareil, chaque photosite est recouvert d'un filtre coloré ne laissant passer que les rayons d'une seule couleur : le rouge, le vert ou le bleu. Les filtres sont répartis par carrés de quatre : deux verts, un rouge, un bleu **(Doc 1)**.

B La définition d'un capteur

La **définition d'un capteur** est le nombre total de ses photosites. Plus le nombre de photosites est élevé, meilleure sera la précision de l'image produite.

Exemple Un capteur composé d'une grille de 5 776 sur 4 336 photosites aura une définition de 25 millions de photosites environ **(Doc 2)**.

→ Exercice 5, p. 119

2 • L'image numérique

A Les caractéristiques d'une image numérique

Une image numérique se présente sous la forme d'un quadrillage dont chaque case est un **pixel** d'une couleur donnée **(Doc 3)**. La **définition de l'image** est le nombre total de pixels qui la composent. Celle-ci n'est pas forcément égale à la définition du capteur. → Activité 3, p. 108

La **résolution** de l'image, c'est-à-dire le nombre de pixels par unité de longueur, détermine sa qualité à l'impression ou sur un écran.

DOC 3 Pixels d'une image numérique

→ Exercice 4, p. 118

R = 255, V = 0, B = 0
R = 0, V = 255, B = 0
R = 0, V = 0, B = 255
R = 238, V = 160, B = 73
R = 175, V = 18, B = 204
R = 0, V = 0, B = 0

DOC 4 Codes RVB de quelques couleurs

B Le codage des pixels

Chaque pixel correspond à un triplet de trois nombres, soit les valeurs de rouge (R), de vert (V) et de bleu (B) afin de reconstituer la couleur **(Doc 4)**. Chaque valeur est codée entre 0 et 255. On parle de **code RVB**.

■ La photographie numérique

3 • Les formats et les métadonnées

A La capture de l'image

On appelle « image numérique » toute image acquise et stockée sous forme binaire : elle peut se définir comme une suite de 0 et de 1. Le **format** d'une image numérique est la manière dont est codée cette suite de 0 et de 1 (bits). Lors de la capture par l'appareil photo, un fichier au format Raw est produit. Il s'agit des données brutes issues du capteur. En général, les données sont immédiatement modifiées et enregistrées dans un autre format.

B La profondeur de couleur

La **profondeur de couleurs** désigne le nombre de bits utilisés pour coder la couleur d'un pixel dans une image. Elle s'exprime en bits par pixel. Un codage sur n bits correspond à 2^n couleurs. Par exemple, un codage sur 16 bits correspond à 65 536 couleurs **(Doc 5)**.

→ Exercice 7, p. 119

DOC 5 Couleurs disponibles en fonction de la profondeur de couleur

C Les formats usuels

Il existe de nombreux formats d'image qui sont indiqués par l'**extension** du nom du fichier (partie du nom située après le point). Les images sont fréquemment **compressées**, c'est-à-dire transformées pour réduire leur taille. Cette compression peut se faire avec ou sans perte d'information. → Activité 4, p. 110 Les appareils peuvent proposer trois formats d'enregistrement : Raw, Tiff et Jpeg **(Doc 6)**.

FORMAT	QUALITÉ	POIDS
Raw	Maximale	Très volumineux
Tiff	Excellente	Volumineux
Jpeg	Variable	Peu volumineux

DOC 6 Caractéristiques de quelques formats d'image

D Les métadonnées EXIF

Au moment de la création du fichier Raw, de nombreuses données relatives à la prise de vue sont enregistrées. Il s'agit des **métadonnées**, enregistrées dans un fichier au format **EXIF**. Elles comprennent entre autres la date, l'heure, les paramètres de prise de vue (vitesse, sensibilité, etc.), la compression, la géolocalisation de l'image, etc. **(Doc 7)**. → Activité 4, p. 110

→ Exercice 6, p. 119

4 • Le rôle des algorithmes dans la photo

De nombreux **algorithmes** interviennent au cours de la capture et du traitement de l'image par l'appareil photo numérique **(Doc 8)**. → Activité 5, p. 112 Ils effectuent différentes opérations lors de la prise de vue (calcul de l'exposition, mise au point, stabilisation), puis lors du traitement automatisé de l'image (amélioration de la netteté, du rendu des couleurs).

DOC 7 Affichage des métadonnées EXIF d'une image sur un smartphone

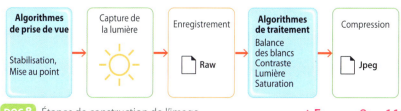

DOC 8 Étapes de construction de l'image

→ Exercice 8, p. 119

La photographie numérique ■ 115

L'essentiel — La photographie numérique

Je retiens par le texte

❶ La capture d'une image

Un **capteur** photo est constitué de **photosites** mesurant l'énergie lumineuse. Étant recouverts de filtres rouges, verts et bleus, les photosites mesurent l'intensité des rayons de ces trois couleurs.
La **définition d'un capteur** est le nombre de photosites de ce capteur. Un capteur de grande définition donnera plus d'informations qu'un capteur de faible définition.

❷ L'image numérique

Une image numérique est un quadrillage de **pixels**. Chaque pixel correspond à un triplet de trois nombres compris entre 0 et 255 donnant les valeurs de rouge, vert et bleu et permettant de reconstituer une couleur. On parle de **code RVB**.
La **définition d'une image** est le nombre de pixels de cette image. Sa **résolution** est le nombre de pixels par unité de longueur, elle permet d'estimer la qualité de l'image.

❸ Les formats et les métadonnées

Une image numérique est une suite de 0 et de 1. L'organisation et l'interprétation de cette suite de 0 et de 1 est le **format** de l'image. La **profondeur de couleur** est la mémoire utilisée pour coder la couleur d'un pixel. Les formats d'image sont indiqués par l'**extension** du nom du fichier. Dans certains formats, les images sont **compressées** avec ou sans perte afin de réduire leur **poids**.
Le format EXIF correspond au fichier contenant les informations relatives à la prise de vue : les **métadonnées**.

❹ Le rôle des algorithmes dans la photo

Lors de la prise de vue puis de l'enregistrement d'une photo, des **algorithmes** effectuent différentes opérations. Elles permettent d'aider à la prise de vue (stabilisation, netteté) ou d'améliorer l'image après enregistrement.

VOCABULAIRE

Algorithme : ensemble d'instructions qui permet de résoudre un problème.

Capteur : dispositif transformant l'information lumineuse en information électrique.

Code RVB : système de codage des couleurs.

Compression : réduction du poids d'une image.

Définition d'un capteur : nombre total de photosites.

Définition d'une image : nombre total de pixels.

Extension : identification d'un format.

Format : type d'un fichier numérique.

Métadonnées : informations sur une photo numérique.

Photosite : élément d'un capteur qui mesure l'intensité lumineuse.

Pixel : unité de base composant une image numérique.

Poids d'une image : mémoire nécessaire à son enregistrement.

Profondeur de couleur : mémoire utilisée pour stocker la couleur d'une image.

Résolution d'une image : nombre de pixels par unité de longueur (pixels par pouce ou ppp).

Je retiens par l'image

ANIMATION
Je retiens l'essentiel
lienmini.fr/3389-507

La capture d'une image

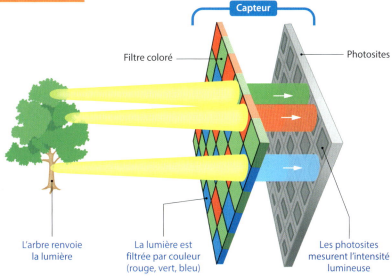

- Capteur
- Filtre coloré
- Photosites
- L'arbre renvoie la lumière
- La lumière est filtrée par couleur (rouge, vert, bleu)
- Les photosites mesurent l'intensité lumineuse

L'image numérique

Pixel
R : 33
V : 116
B : 182

Formats et métadonnées

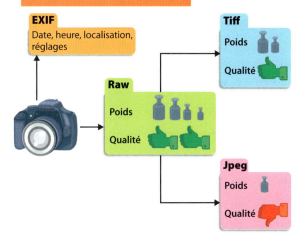

EXIF : Date, heure, localisation, réglages

Raw — Poids, Qualité
Tiff — Poids, Qualité
Jpeg — Poids, Qualité

Le rôle des algorithmes dans la photo

1. Algorithmes de prise de vue, stabilisateur, mise au point...
2. Capture
3. Enregistrement Raw
4. Algorithmes de traitement d'image
5. Enregistrement Tiff ou Jpeg

La photographie numérique ■ 117

EXERCICES

POUR VÉRIFIER SES ACQUIS

❶ Vrai ou faux ?

Identifier les propositions exactes.

a. Les trois couleurs de base pour la photographie numérique sont : rouge, jaune, bleu.

b. Les couleurs sont codées habituellement avec des nombres compris entre 0 et 1 000.

c. La qualité d'une image numérique dépend en général du nombre de pixels dont elle est constituée.

d. Parmi les deux images suivantes, celle de droite a la plus petite résolution.

e. Une image compressée prend plus de place qu'une image non compressée.

f. L'appareil photo numérique applique de nombreuses modifications lors de la capture avant l'enregistrement.

❷ QCM

Pour chaque proposition, identifier la bonne réponse.

a. Le code couleur pour le vert est :
☐ (255,0,255)   ☐ (0,255,0)   ☐ (0,0,255)

b. La définition d'une image numérique est exprimée en :
☐ cm²   ☐ octets   ☐ pixels

c. Pour enregistrer une image dans un format qui prend le moins de place possible, il faut choisir l'extension :
☐ Tiff   ☐ Raw   ☐ Jpg

d. Les filtres des photosites sont répartis en carré de quatre :
☐ deux verts, un rouge, un bleu
☐ un vert, deux rouges, un bleu
☐ un vert, un rouge, deux bleus

❸ Qui suis-je ?

Recopier et compléter les phrases.

a. Les petits carrés monochromes formant une image numérique sont les … .

b. Les données comme la date, la géolocalisation ou les réglages de l'appareil sont enregistrées dans un fichier au format … .

→ *Vérifier vos réponses p. 188*

POUR S'ENTRAÎNER

❹ Qualité des images imprimées

CAPACITÉ : Distinguer les photosites du capteur et les pixels de l'image.

À l'impression, on estime qu'une image est :
– de bonne qualité si sa résolution est supérieure à 12 000 pixels par cm² ;
– de qualité moyenne si la résolution est entre 4 000 et 12 000 pixels par cm² ;
– de qualité mauvaise en dessous de 4 000 pixels par cm².

• Recopier et compléter le tableau en indiquant la qualité de la photo (bonne, moyenne ou mauvaise) selon sa définition et ses dimensions.

Dimension / Définition (mégapixels ou millions de pixels)	11 × 15 (en cm)	15 × 20 (en cm)	20 × 27 (en cm)
10 mégapixels			
5 mégapixels			
3 mégapixels			
800 000 pixels			

La photographie numérique

5 Choisir le bon capteur
CAPACITÉ : Distinguer les photosites du capteur et les pixels de l'image.

1. Calculer la définition de chaque capteur (arrondir au million de pixels). Quelle est la différence entre le capteur B et le capteur C ?

2. Sachant que plus un photosite est petit, moins il est sensible à la lumière, quel est le capteur permettant le meilleur rendu parmi les trois ?

3. Léa souhaite acheter un appareil qui lui permette de réaliser des photos qu'elle imprimera en grand format pour en faire des affiches. Tom souhaite pouvoir faire de jolies photos par temps couvert, lorsque la luminosité est faible. Quels sont les appareils les plus adaptés aux besoins respectifs de Léa et de Tom ?

Capteur	A	B	C
Taille (mm × mm)	5,76 × 4,29	6,16 × 4,6	5 × 4,51
Nombre de photosites	5 908 × 4 400	5 500 × 4 100	5 000 × 4 510

6 Données EXIF
CAPACITÉ : Retrouver les métadonnées d'une photographie.

• Associer les images à leur fichier de métadonnées.

	Fichier 1	Fichier 2	Fichier 3
Date et heure	2010:03:11 13:45:32	2018:01:01 00:04:15	2016:12:24 19:15:05
Compression	Jpeg	Jpeg	Png
Flash	Non	Oui	Oui

7 Étapes de la prise de vue
CAPACITÉ : Identifier les étapes de la construction de l'image finale.

• Classer dans un ordre cohérent les principales étapes indiquées ci-dessous permettant la construction d'une image numérique finale.

a. Enregistrement des données EXIF.
b. Mise au point, stabilisation.
c. Correction de la saturation.
d. Capture des valeurs R, V, B.
e. Enregistrement au format Raw.
f. Enregistrement au format Jpeg.

8 Profondeur de couleur
CAPACITÉ : Distinguer les photosites du capteur et les pixels de l'image.

La profondeur de couleur est la mémoire nécessaire pour enregistrer la valeur de la couleur d'un pixel. Elle est exprimée en bits par pixel (bpp) et est comprise entre 1 et 32 bits. Les profondeurs usuelles de couleurs sont : *color* (couleur) en 8 bpp, *highcolor* (haute couleur) en 16 bpp et *truecolor* (vraie couleur) en 24 bpp.

1. Quelle est la mémoire requise pour enregistrer une image dont la définition est de 2,4 Mpx en résolution *color* (8 bpp) ? Par combien faut-il multiplier ce résultat pour obtenir la mémoire nécessaire en *highcolor* ? en *truecolor* ?

2. Combien d'images de 2,4 Mpx avec une profondeur de couleur de 8 bits peut-on stocker dans une carte mémoire de 16 milliards de bits (16 gigabits) ?

EXERCICES

POUR S'ENTRAÎNER À PROGRAMMER

9 Tests de luminosité
CAPACITÉ : Traiter par programme une image pour la transformer en agissant sur ses pixels.

1. Qu'affiche la fonction *testLuminosite* pour les valeurs suivantes ?
a. R = 50, V = 20 et B = 10   **b.** R = 80, V = 30 et B = 120

• Je comprends un programme

```
1  def testLuminosite(R,V,B):
2    if R+V+B<150:
3      print("c'est un pixel foncé")
4    else:
5      print("ce n'est pas un pixel foncé")
```

 Besoin d'aide pour comprendre une boucle non bornée ? Revois la Méthode p. 179

2. On souhaite repérer les pixels clairs, c'est-à-dire ceux dont la somme des valeurs est supérieure à 500. Remplacer les lignes 4 et 5 par une instruction conditionnelle faisant afficher si le pixel est clair. On indiquera si un pixel n'est ni clair ni foncé.

10 Calcul du nombre de bits nécessaires
CAPACITÉ : Distinguer les photosites du capteur et les pixels de l'image.

Un codage d'une couleur sur n bits correspond à 2^n couleurs. L'objectif du programme suivant est de donner le nombre de bits nécessaires pour coder une certaine quantité de couleur.

 Coup de pouce Python
• Ligne 3 : l'opérateur ** est celui de la puissance. L'instruction 2**nbBit calcule 2^{nbBit}.

 Besoin d'aide pour comprendre une boucle ? Revois la Méthode p. 179

• Je comprends un programme

```
1  nombreCouleursSouhaitees=int(input("Nombre de couleurs souhaitées="))
2  nbBit=0
3  while nombreCouleursSouhaitees>2**nbBit:
4      nbBit=nbBit+1
5  print("Il faut un nombre de bits égal à", nbBit)
```

1. Quel est le type de la variable *nombreCouleursSouhaitees* ?
2. À quelle condition la boucle *while* de la ligne 3 s'arrête-t-elle ?
3. Quelle est l'utilité de l'instruction de la ligne 4 ?
4. L'utilisateur saisit la valeur 2.
a. La boucle *while* se termine-t-elle ?
b. Qu'affiche le programme ?
c. Reprendre les questions **a.** et **b.** si l'utilisateur saisit la valeur 40.

11 Modification de la luminosité
CAPACITÉ : Traiter par programme une image pour la transformer en agissant sur ses pixels.

Dans un logiciel de traitement d'image, il est possible de modifier la luminosité d'une image. Pour cela les valeurs de rouge, vert et bleu de chaque pixel sont augmentées (plus clair) ou diminuées (plus sombre). On rappelle que chaque couleur est codée par un entier compris entre 0 et 255.

1. Le programme suivant a pour but de changer la luminosité d'un pixel en ajoutant un nombre entier compris entre – 255 et 255 à chacune des valeurs rouge, vert et bleu. Compléter les lignes 5, 6 et 7.

Coup de pouce Python

- Les lignes 1, 2 et 3 créent les variables R (rouge), V (vert) et B (bleue) du pixel.
- La ligne 4 permet la saisie par l'utilisateur du nombre entier à ajouter.
- Les lignes 5, 6 et 7 calculent les nouvelles valeurs de R, V, B après modification de la luminosité.
- La ligne 8 affiche les nouvelles valeurs de R, V, B.

• **Je complète un programme**

```
1  R=int(input("Rouge="))
2  V=int(input("Vert="))
3  B=int(input("Bleu="))
4  lum=int(input("Valeur à ajouter (entre - 255 et 255)="))
5  R=....................
6  V=....................
7  B=....................
8  print("Nouvelles valeurs",R,V,B)
```

 Besoin d'aide pour écrire un programme ? Revois la Méthode p. 175

2. Les valeurs des variables R, V, B ne peuvent pas être négatives ou dépasser 255. Les valeurs trop grandes doivent donc être ramenées à 255 et les valeurs négatives à 0.
Ajouter au programme précédent, avant la ligne 8, des instructions conditionnelles permettant cette correction.

 Besoin d'aide pour écrire des instructions conditionnelles ? Revois la Méthode p. 177

12 Définition d'une image

CAPACITÉ : Distinguer les photosites du capteur et les pixels de l'image.

1. Compléter la fonction suivante afin de calculer la définition d'une image selon sa résolution en points par pixel (ppp) et ses dimensions en pouces.

• **Je complète un programme**

```
1  def calculDefinition(resolution,largeur,longueur):
2      definitionLargeur=....................
3      definitionLongueur=....................
4      return definitionLargeur,definitionLongueur
```

 Besoin d'aide pour écrire une fonction ? Revois la Méthode p. 181

2. Écrire un programme qui demande à l'utilisateur la saisie de la résolution et des dimensions de l'image et qui appelle la fonction précédente.

3. Donner la définition d'une image de 5 pouces sur 7 en 200 ppp.

13 Filtre de repérage des rouges

CAPACITÉ : Traiter par programme une image pour la transformer en agissant sur ses pixels.

Traduire en programme Python l'algorithme suivant qui permet de mettre en valeur les pixels à dominante de rouge (le rouge est la valeur la plus importante dans le triplet R, V, B).

• **Je traduis un algorithme en programme**

```
1  demander les valeurs de R, V et B à l'utilisateur
2  si R > V et R > B alors
3      R ← 255
4      V ← 0
5      B ← 0
6  afficher R, V, B
```

#LE NUMÉRIQUE ET VOUS

CAPACITÉ TRANSVERSALE :
Développer une argumentation dans le cadre d'un débat

DÉBATS — Le droit à l'image et le pistage des individus

LE DÉBAT
Faut-il renforcer la protection de la vie privée en limitant le droit à l'image ?

VIDÉO
Qu'est-ce que le droit à l'image ?
lienmini.fr/3389-509

Situation 1
Charles est photographié à son insu dans une fête chez des amis alors qu'il a refusé de se rendre à un congrès professionnel pour des « raisons personnelles ». La photo est diffusée sur les réseaux sociaux, son patron décide de le licencier.

Situation 2
Une jeune femme est photographiée alors qu'elle participe à une manifestation. Elle découvre le lendemain qu'elle est en première page du journal local.

ACTIVITÉS
1. Dans chacune des deux situations, y a-t-il, selon vous, violation de la loi ?
2. Toute publication de l'image d'une personne nécessite-t-elle une autorisation de la part de l'intéressé ?

DES PISTES POUR VOUS GUIDER

Ce que dit la loi : Article 226-1 du code pénal

Est puni d'un an d'emprisonnement et de 45 000 euros d'amende le fait, […] de porter atteinte à l'intimité de la vie privée d'autrui : […] en fixant, enregistrant ou transmettant, sans le consentement de celle-ci, l'image d'une personne se trouvant dans un lieu privé.

CAPACITÉS TRANSVERSALES :
Rechercher de l'information, apprendre à utiliser des sources de qualité

MINI-PROJET — Light painting

Le *light painting* repose sur l'utilisation de sources de lumière pour dessiner sur l'image pendant la prise de vue.
Le temps d'exposition est le temps durant lequel le capteur est exposé à la lumière pendant la prise de vue. Plus ce temps est long, plus le capteur recevra de lumière et plus la photo sera exposée. Pour réaliser une image en *light painting*, il est nécessaire de travailler dans un environnement sombre et de régler l'appareil sur un temps d'exposition long.

ACTIVITÉS
1. Avec quel matériel peut-on réaliser du *light painting* ?
2. Comment obtient-on une image en *light painting* ?
3. Réaliser, à l'aide d'un appareil photo ou d'un smartphone, une image en *light painting*.

Photo réalisée en *light painting*

EXPOSÉ — Les photos truquées

Les méthodes de traitement d'image permettent de réaliser des photos truquées très réalistes. Celles-ci peuvent être largement diffusées sur Internet et sur les réseaux sociaux et le trucage est parfois indétectable pour l'œil humain. Par exemple, un photomontage est régulièrement reposté sur les réseaux sociaux. Il montre un requin nageant sur une autoroute inondée. Elle a notamment servi d'illustration pendant les inondations de Porto Rico en 2011. Ces photos truquées servant à alimenter les *fake-news*, des chercheurs ont mis en place des algorithmes permettant de détecter les trucages.

Image truquée de requin dans les rues de Porto Rico après le passage de l'ouragan Irène (2011).

ACTIVITÉS
Réaliser par groupe de deux ou trois un exposé sur un des thèmes suivants :
1. Repérer une photo truquée.
2. Le rôle des photos truquées dans la propagation de fausses informations.
3. La loi et les photos retouchées.

CAPACITÉS TRANSVERSALES : Coopérer au sein d'une équipe, rechercher de l'information

VIDÉO — Vérifier qu'une image est authentique
lienmini.fr/3389-510

MÉTIER — Retoucheur/retoucheuse d'image

Le travail des retoucheurs numériques se situe après celui des photographes et avant une utilisation définitive de l'image pour impression ou publication. Le retoucheur doit améliorer ou modifier les photos à l'aide de logiciels de retouche numérique. Il travaille l'image afin de corriger ou d'améliorer la couleur, la luminosité, le contraste, de gommer les imperfections et parfois même de composer des montages. Dans certains cas, comme dans le domaine de la publicité, l'image modifiée est très différente de la photographie initiale.

CAPACITÉS TRANSVERSALES : Rechercher de l'information, apprendre à utiliser des sources de qualité

ACTIVITÉS
1. Dans quels secteurs d'activités trouve-t-on des retoucheurs ?
2. Quelles études doit-on faire pour devenir retoucheur ?
3. Quels sont les outils utilisés par un retoucheur ?

Une photo avant et après le travail du retoucheur

VIDÉO — Découvrons le métier de retoucheur
lienmini.fr/3389-511

La photographie numérique

Social

Capacités attendues *

▶ **Distinguer plusieurs réseaux sociaux et en connaître les concepts, paramétrer des abonnements** .... ACTIVITÉ 2 • p. 130

▶ **Identifier les sources de revenus** .... ACTIVITÉ 3 • p. 132

▶ **Déterminer les caractéristiques de graphes simples, décrire comment l'information est conditionnée par le choix de ses amis** .... ACTIVITÉ 4 • p. 134

▶ **Connaître l'article 222-33-2-2 du code pénal et les différentes formes de cyberviolence** .... ACTIVITÉ 5 • p. 136

* *Bulletin officiel spécial*, n° 1, 22 janvier 2019.

Les réseaux sociaux sont des applications basées sur les technologies du Web.

THÈME 6

Les réseaux sociaux

Pour commencer
une vidéo interactive

Réseaux sociaux, le monde est-il si petit ?

Répondez au quiz intégré à la vidéo.

lienmini.fr/3389-601

POUR TESTER SES CONNAISSANCES

→ Vérifier vos réponses p. 188

Pour chacune des questions, choisissez la bonne réponse à l'aide de vos connaissances.

1 Vocabulaire des réseaux sociaux

1 L'*e-reputation* désigne :
a. l'ensemble des dangers d'Internet.
b. l'image de quelqu'un sur Internet et sur les réseaux sociaux.
c. l'historique de navigation.

2 Un *follower* est une personne qui :
a. envoie des messages privés.
b. est populaire.
c. suit votre compte sur un réseau social.

3 Un *hashtag* précède toujours :
a. le nom de la personne qui vient de publier.
b. un mot-clé facilitant les recherches.
c. la date d'une publication.

Des tweets

Les *hashtags* permettent de référencer une publication et de la rendre plus visible afin d'améliorer sa *e-reputation*. Ainsi, tout le monde peut y avoir accès et pas seulement les *followers*.

2 Inscription sur un réseau social

1 Pour s'inscrire seul sur un réseau social, il faut avoir au moins :
a. 15 ans.
b. 13 ans.
c. 11 ans.

2 Pour éviter que tout le monde ait accès à mes publications, il faut :
a. avoir peu d'amis.
b. les effacer au bout d'une heure.
c. régler les paramètres de confidentialité.

3 Pour choisir un avatar :
a. je peux mettre une image de mon choix.
b. je dois choisir une photo où on me reconnaît.
c. je dois mettre ma signature.

Des avatars

Lors de l'inscription sur un réseau social, l'utilisateur doit choisir un avatar et un pseudonyme, puis compléter son profil. Il peut aussi paramétrer son compte pour déterminer le niveau de confidentialité de ses publications.

Les réseaux sociaux

3 Publication sur des réseaux sociaux

1 Mes publications sur un réseau social sont :
a. toujours visibles par tout le monde.
b. toujours visibles uniquement par mes amis.
c. visibles ou non, cela dépend des réglages.

2 Un *troll* est :
a. une personne très drôle sur les réseaux sociaux.
b. quelqu'un qui ne comprend rien aux nouvelles technologies.
c. une personne qui cherche la polémique.

3 Quelqu'un peut-il perdre son emploi pour des éléments qu'il a publiés sur les réseaux sociaux ?
a. Oui, la loi l'autorise pour des propos injurieux ou diffamatoires.
b. Non, c'est de l'ordre de la vie privée.
c. C'est déjà arrivé mais c'est illégal.

Affiche de sensibilisation

La publication d'un message, d'une photo ou d'une vidéo sur les réseaux sociaux peut être lourde de conséquences.

4 Protection sur les réseaux sociaux

1 Quelqu'un qui écrit un message sur un réseau social :
a. peut dire ce qu'il veut. C'est la liberté d'expression.
b. n'a pas le droit de donner son avis politique.
c. n'a pas le droit de tenir de propos injurieux, raciste ou sexiste.

2 Qu'est-ce que le cyberharcèlement ?
a. Une série.
b. Une forme de violence répétée sur Internet.
c. Des publicités sur Internet.

3 Comment réagir en cas de cyberharcèlement ?
a. On ne peut rien faire.
b. Aller porter plainte et changer tous ses comptes et numéros de portable.
c. Diffuser des images compromettantes de ses harceleurs.

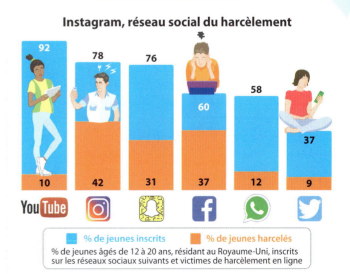

Proportion de jeunes harcelés selon les réseaux sociaux

L'usage des réseaux sociaux n'est pas sans danger. Instagram est le réseau social qui affiche le plus fort taux de harcèlement chez les jeunes. YouTube, qui est le réseau social le plus populaire, est l'un des moins concerné par le harcèlement.

ACTIVITÉ 1
Repères historiques

1973
La naissance des réseaux sociaux

L'un des premiers **réseaux sociaux** est Talkomatic, un *tchat* créé en 1973. Seulement six groupes de cinq personnes peuvent l'utiliser en même temps. En 1979, Usenet introduit le concept de forum en permettant de poster des messages textuels dans des **groupes de discussions**. En 1988, IRC *(Internet Relay Chat)* autorise des communications instantanées et l'échange de fichiers dans des groupes ou entre deux personnes. Enfin, avec sixdegrees.com, apparu en 1997, les réseaux sociaux se répandent sur le Web et se globalisent au fur et à mesure que ce dernier pénètre dans les foyers. On peut désormais créer son profil, publier, écrire à ses contacts pour étendre son réseau social : c'est l'ancêtre de Facebook.

Une discussion sur Usenet en 1981

2000

2003
LinkedIn, un réseau social professionnel

En 2003, le réseau social LinkedIn permet aux professionnels d'entrer en contact. Il est racheté en 2016 par Microsoft.

Reid Hoffman, le fondateur de LinkedIn

2004
The Facebook, l'émergence du réseau social de référence

Le 4 février 2004, Mark Zuckerberg, un étudiant de 20 ans à Harvard, fonde The Facebook. Le site permet aux étudiants d'Harvard de rester en contact. Très vite, il est étendu aux autres universités américaines puis canadiennes, aux écoles secondaires en 2005, puis à tous à partir de 2006. Facebook permet de garder le lien avec ses « amis », en permettant à la fois l'échange de conversations et le partage de photos et autres médias, fonctions jusque-là assurées séparément.

La page thefacebook.com le 12 février 2004

128 ■ Les réseaux sociaux

VIDÉO 2:33
DÉCOUVRONS L'HISTOIRE DES RÉSEAUX SOCIAUX
lienmini.fr/3389-603

Evan Williams (à gauche) et Biz Stone (à droite), fondateurs de Twitter

2006
Twitter, la micro-information à toute vitesse

Twitter, créé à San Francisco en 2006, est un réseau de **microblogage**. À ses débuts, il permet d'envoyer des messages de 140 caractères, aujourd'hui étendus à 280. Il popularise l'association de **hashtags** à des liens hypertextes permettant d'accéder à tous les tweets contenant le même hashtag. En 2018, 500 millions de tweets sont envoyés par jour.

2010
Instagram : l'image avant tout

Essentiellement utilisé sur *smartphone*, Instagram, fondé par un ancien de l'université de Stanford, autorise le partage de photos et vidéos. L'image est au cœur d'Instagram, c'est cette singularité qui fait son succès.

Kevin Systrom, co-fondateur d'Instagram

2009
WhatsApp, une application pour remplacer les SMS

WhatsApp est fondé par deux anciens ingénieurs de Yahoo pour remplacer les SMS. Cette application mobile permet d'échanger des messages instantanés. Elle est rachetée par Facebook en 2014.

Jan Koum, l'un des deux fondateurs de WhatsApp

2011
Snapchat, le réseau de l'instantanéité

Snapchat, créé par deux étudiants de Stanford, permet de faire la même chose qu'Instagram mais avec des photos et vidéos ayant une durée de vie limitée. Exclusivement mobile, l'application remporte un très fort succès chez les plus jeunes.

Bobby Murphy et Evan Spiegel, fondateurs de Snapchat

QUESTIONS

① Indiquer les principales différences entre les premiers réseaux sociaux des années 1970 et ceux d'aujourd'hui.

② Identifier les différents types de réseaux sociaux.

③ Dans quel pays sont nés les réseaux sociaux les plus utilisés aujourd'hui ?

Voir **DICO SNT** p. 185

ACTIVITÉ 2

CAPACITÉS ATTENDUES :
Distinguer plusieurs réseaux sociaux et en connaître les concepts
Paramétrer des abonnements

Les caractéristiques des réseaux sociaux

Les réseaux sociaux permettent des échanges à grande échelle, parfois difficiles à contrôler. Qu'est-ce qui fait le succès d'un réseau social ? Quelles sont les intérêts et les dangers des réseaux sociaux pour les citoyens ?

? Comment distinguer et paramétrer les réseaux sociaux ?

DOC 1 — Les réseaux sociaux les plus populaires

Les **réseaux sociaux** permettent de relier des individus en ligne. Moins d'une dizaine de réseaux sociaux concentrent la grande majorité des échanges en France et dans le monde.

Le nombre d'utilisateurs actifs des réseaux sociaux

EN FRANCE / DANS LE MONDE

- Facebook 33 millions / 2,5 milliards Facebook
- YouTube 19 millions / 2 milliards YouTube
- WhatsApp 14,5 millions / 1,5 milliard WhatsApp
- Snapchat 13 millions / Snapchat 186 millions
- Instagram 12 millions / 1 milliard Instagram
- Twitter 10 millions / Twitter 326 millions
- LinkedIn 10 millions / LinkedIn 106 millions
- Pinterest 8 millions / Pinterest 250 millions

DOC 2 — Carte d'identité des réseaux sociaux

Les réseaux sociaux ne sont pas identiques. Ils ne proposent pas tous les mêmes contenus et certains sont plus récents que d'autres. Ces caractéristiques ont une influence sur leur popularité.

Réseau social	Thème	Année de création
Facebook	Généraliste	2004
YouTube	Vidéos	2005
Twitter	Messages	2006
Instagram	Photos	2010
Snapchat	Photos et vidéos	2011

DOC 3 — Les fonctionnalités des réseaux sociaux

Les réseaux sociaux se copient les uns les autres : les nouvelles fonctionnalités proposées par l'un d'entre eux sont souvent reprises ensuite par ses concurrents.

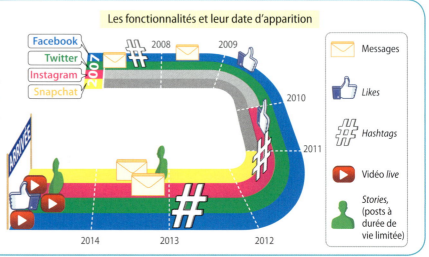

Les fonctionnalités et leur date d'apparition

- Messages
- Likes
- Hashtags
- Vidéo live
- Stories, (posts à durée de vie limitée)

130 ■ Les réseaux sociaux

DOC 4 — Notre identité sur les réseaux sociaux

Notre **identité numérique** sur les réseaux sociaux est liée à notre **identification**, à notre **authentification** par mot de passe et aux traces que nous laissons. Elle conditionne notre **e-réputation**.

La création de l'e-réputation sur les réseaux sociaux

1 Pour utiliser les réseaux sociaux, nous nous connectons avec un **identifiant** et un mot de passe.

2 Consciemment ou non, nous laissons des **traces**.

3 Ces données constituent notre **identité numérique**.

4 Qui influencent l'image que les autres ont de nous : notre **e-réputation**.

DOC 5 — Les paramétrages des réseaux sociaux

Le paramétrage des abonnements sur les réseaux sociaux permet de choisir avec qui on interagit et ce que l'on partage avec les autres.

Les réglages de confidentialité sur le réseau social Snapchat

---

QUESTIONS

1 DOC 1 ET 2. Quelles caractéristiques des réseaux sociaux expliquent les différences dans le nombre d'utilisateurs actifs ?

2 DOC 3. Pourquoi dit-on que les réseaux sociaux se ressemblent de plus en plus ? Dans quel but se copient-ils entre eux ?

3 DOC 4. En quoi l'identification et l'authentification de l'utilisateur d'un réseau social permettent-elles de contrôler son identité numérique et sa e-réputation ?

4 DOC 5. Pourquoi est-il important de paramétrer correctement son compte sur les réseaux sociaux ?

5 CONCLUSION. Quels sont les intérêts et les dangers des réseaux sociaux ?

Voir **DICO SNT** p. 185

Les réseaux sociaux ■ 131

ACTIVITÉ 3

CAPACITÉ ATTENDUE : Identifier les sources de revenus.

Le modèle économique des réseaux sociaux

Les entreprises de réseaux sociaux dégagent des revenus importants chaque année. Pourtant la plupart des inscriptions sont gratuites.

? Comment les réseaux sociaux gagnent-ils de l'argent ?

DOC 1 — La publicité : principale source de revenus

Facebook réalise chaque année des milliards de dollars de bénéfice. L'essentiel provient des recettes générées grâce aux vidéos et aux annonces publicitaires. En effet, le trafic important de Facebook attire les annonceurs qui peuvent ainsi toucher une cible très large.

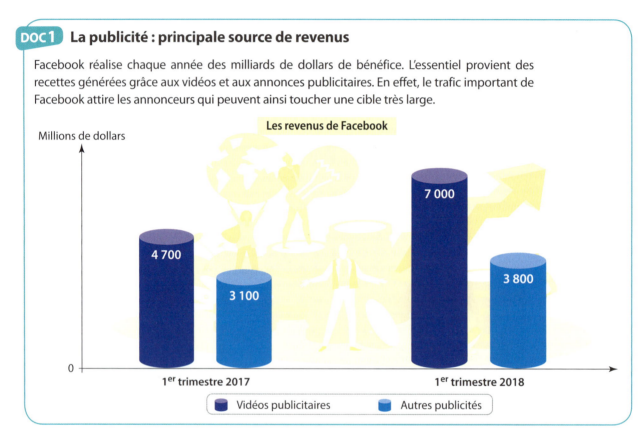

Les revenus de Facebook

DOC 2 — Les abonnements payants

La plateforme vidéo YouTube propose un accès de base gratuit : il permet de visionner tous les contenus mais avec de la publicité. Pour les utilisateurs qui souhaitent supprimer la publicité et bénéficier de fonctionnalités supplémentaires, il existe deux abonnements payants appelés « premium ». Ce modèle économique combinant utilisateurs gratuits et payants est appelé « freemium ».

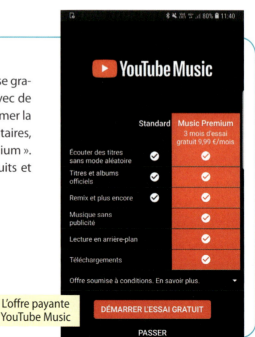

L'offre payante YouTube Music

132 ■ Les réseaux sociaux

DOC 3 — La publicité ciblée

Les utilisateurs de réseaux sociaux fournissent des informations sur leur identité mais aussi sur leurs centres d'intérêt, leurs habitudes (likes, amis, abonnements). Ces données personnelles ont une grande valeur car elles permettent de réaliser un profil des clients potentiels et d'adapter la publicité qui leur est proposée. YouTube propose par exemple aux annonceurs de sélectionner la cible des publicités en fonction de certains critères, générant ainsi d'importants revenus.

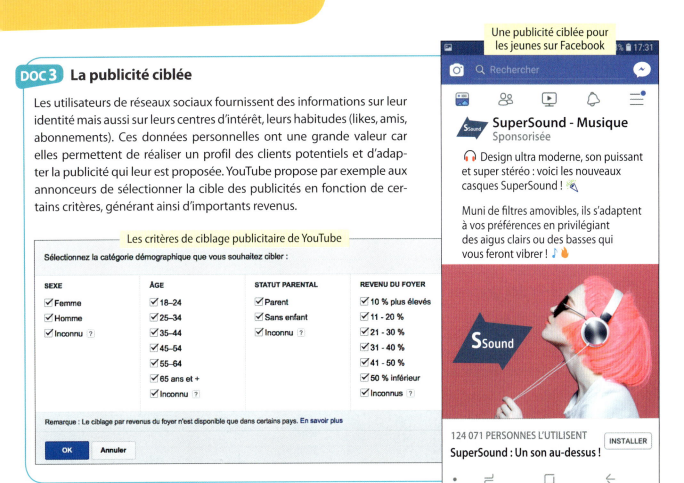

Les critères de ciblage publicitaire de YouTube — Une publicité ciblée pour les jeunes sur Facebook

DOC 4 — L'influence des réseaux sociaux

Les réseaux sociaux ont une influence majeure sur les décisions d'achats des moins de 40 ans.

L'influence des réseaux sociaux sur les décisions d'achats : 31 %, 27 %, 27 %, 20 %, 12 %, 8 %

31 % Internautes influencés par une publicité sur Facebook pour une décision d'achat

QUESTIONS

① **DOC 1.** Pourquoi Facebook peut-il se permettre d'afficher sur son site « C'est gratuit (et ça le restera toujours) » sans craindre pour sa santé financière ?

② **DOC 2.** Comment des réseaux sociaux gratuits peuvent-ils convaincre leurs utilisateurs de payer un abonnement ?

③ **DOC 3 ET 4.** Pour quelle raison dit-on que « les données personnelles valent de l'or » ? Comment la collecte de données personnelles permet-elle aux entreprises de réseaux sociaux d'améliorer leurs revenus ?

④ **CONCLUSION.** Quelles sont les principales sources de revenus des réseaux sociaux ?

ACTIVITÉ 4

CAPACITÉS ATTENDUES :
Déterminer les caractéristiques de graphes simples
Décrire comment l'information est conditionnée par le choix de ses amis

Les communautés dans les réseaux sociaux

Pour visualiser comment les utilisateurs d'un réseau social sont connectés les uns aux autres, on peut élaborer des schémas, appelés graphes. Apparaissent ainsi des communautés dont on peut étudier le fonctionnement.

? Comment représenter et étudier les communautés sur les réseaux sociaux ?

DOC 1 — L'intérêt des graphes : visualiser les relations dans un réseau

Six élèves d'une même classe sont inscrits sur un réseau social. Le tableau suivant donne les liens d'amitié entre eux. Par exemple, Emma est amie avec Enzo mais pas avec Jasmine. Cette information peut être résumée dans un schéma plus simple à lire appelé **graphe**, où les relations sont représentées par des traits.

Tableau des relations d'amitié

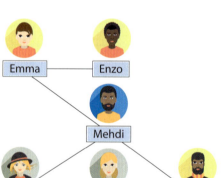

Représentation du tableau sous forme de graphe

DOC 2 — Algorithme de diffusion d'information

Chaque utilisateur d'un réseau social peut réagir selon l'algorithme suivant pour aider une information à se diffuser.

• **Je comprends un algorithme**

```
1  si je reçois une information que je n'ai pas déjà partagée alors
2      partage de l'information à tous mes amis.
```

Besoin d'aide pour comprendre une instruction conditionnelle ? Revois la Méthode, p. 177.

134 ■ Les réseaux sociaux

DOC 3 — Le degré de séparation

En 1967, Stanley Milgram, un psychologue américain, a réalisé une expérience dans le but de démontrer qu'il suffisait en moyenne de 6 liens de connaissance pour relier deux inconnus aux États-Unis. Sur les réseaux sociaux, cette distance s'est raccourcie car il est plus facile de nouer des liens. Ainsi, sur Facebook, 3,5 personnes en moyenne sépareraient deux abonnés choisis au hasard. C'est une des clefs du succès des réseaux sociaux qui mettent en avant leur capacité à connecter un individu avec le monde entier.

VIDÉO
Le degré de séparation
lienmini.fr/3389-604

Milgram 1967

Facebook 2019

L'évolution du degré de séparation entre 1967 et aujourd'hui

DOC 4 — Les « petits mondes »

En 2015 à Bombay, en Inde, le gouvernement a interdit la consommation de viande. La situation a fait polémique dans le pays et notamment sur Twitter, où le hashtag #BeefBan a été largement repris.

Sur le schéma ci-contre, on voit que la twittosphère de Bombay se sépare clairement en deux groupes, que l'on appellera A et B. En coloriant respectivement en vert et en rouge les tweets pour et contre l'interdiction de la consommation de viande, on constate le lien étroit entre les opinions et l'appartenance à une communauté : les membres de la communauté A ont quasiment tous voté pour l'interdiction alors que les membres de la communauté B ont quasiment tous voté contre l'interdiction.

Au-delà du sentiment d'ouverture qu'ils mettent en avant, les réseaux sociaux conduisent donc fréquemment à rester dans un « petit monde » où l'on est en relation avant tout avec des personnes qui nous ressemblent et pensent comme nous, au risque d'un certain repli sur soi.

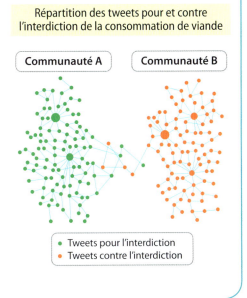

Répartition des tweets pour et contre l'interdiction de la consommation de viande

- Tweets pour l'interdiction
- Tweets contre l'interdiction

QUESTIONS

① DOC 1. Comment peut-on visualiser la popularité d'une personne sur un graphe de relations d'amitié ?

② DOC 1 ET 2. Si Théo annonce l'absence d'un professeur à ses camarades, et si l'algorithme du document 2 est utilisé, combien faudra-t-il de partage pour qu'Emma soit au courant ?

③ DOC 3. Comment expliquer la diminution du nombre de liens séparant deux individus grâce aux réseaux sociaux ?

④ DOC 4. Quel est le risque lié au phénomène de « petit monde » ?

⑤ CONCLUSION. Quelles caractéristiques la représentation en graphe mettent-elles en évidence ?

Voir **DICO SNT** p. 185

Les réseaux sociaux

ACTIVITÉ 5

CAPACITÉ ATTENDUE :
Connaître l'article 222-33-2-2 du code pénal et les différentes formes de cyberviolence

La cyberviolence

Avec la multiplication des réseaux sociaux, de nouvelles formes de violences numériques se sont répandues. On parle de cyberviolence et de cyberharcèlement.

? Comment se protéger de la cyberviolence ?

DOC 1 Qu'est-ce que la cyberviolence ?

La **cyberviolence** désigne des actes agressifs intentionnels comme les menaces, la diffamation ou les insultes sur les réseaux sociaux, la diffusion d'image d'une personne sans son autorisation, les actes de violence (provoqués, filmés ou diffusés). Le **cyberharcèlement** est une cyberviolence répétée.

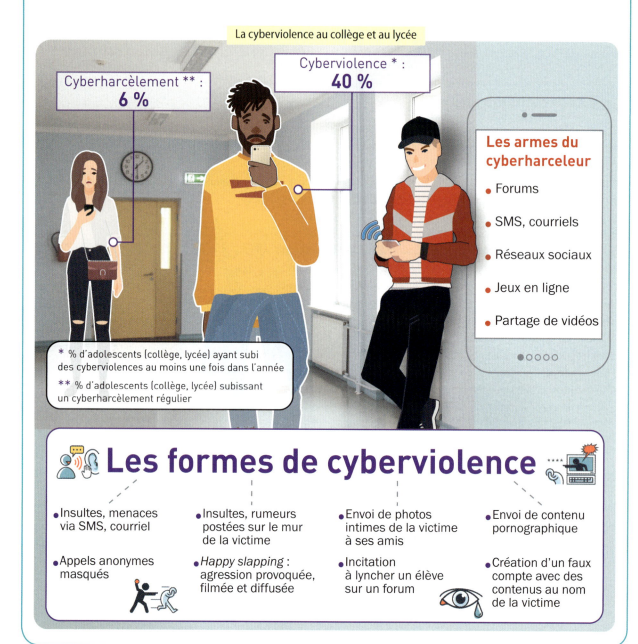

La cyberviolence au collège et au lycée

Cyberharcèlement ** : 6 %
Cyberviolence * : 40 %

Les armes du cyberharceleur
- Forums
- SMS, courriels
- Réseaux sociaux
- Jeux en ligne
- Partage de vidéos

* % d'adolescents (collège, lycée) ayant subi des cyberviolences au moins une fois dans l'année
** % d'adolescents (collège, lycée) subissant un cyberharcèlement régulier

Les formes de cyberviolence

- Insultes, menaces via SMS, courriel
- Insultes, rumeurs postées sur le mur de la victime
- Envoi de photos intimes de la victime à ses amis
- Envoi de contenu pornographique
- Appels anonymes masqués
- *Happy slapping* : agression provoquée, filmée et diffusée
- Incitation à lyncher un élève sur un forum
- Création d'un faux compte avec des contenus au nom de la victime

136 ■ Les réseaux sociaux

DOC 2 — Reconnaître le cyberharcèlement

Le cyberharcèlement se pratique souvent *via* les téléphones portables ou les messageries instantanées.

Exemple de cyberharcèlement par SMS

DOC 3 — Le cyberharcèlement : un délit

L'article 222-33-2-2 du code pénal prévoit que : « le fait de harceler une personne par des propos ou comportements répétés ayant pour objet ou pour effet une dégradation de ses conditions de vie se traduisant par une altération de sa santé physique ou mentale est puni d'un à trois ans d'emprisonnement et de 15 000 € à 45 000 € d'amende ».

VIDÉO
Le cyberharcèlement sur YouTube
lienmini.fr/3389-605

DOC 4 — Lutter contre le cyberharcèlement

Lutter contre le cyberharcèlement, c'est connaître les réactions appropriées et savoir vers quel interlocuteur se tourner.

Que faire en cas de cyberharcèlement ?

Les réactions appropriées

- Ne répondez pas aux moqueries
- Parlez-en à un adulte
- Signalez-le aux plateformes concernées

Les interlocuteurs à votre écoute

net ecoute
Notre mission ? protéger les mineurs sur internet
0800 200 000
Appel gratuit et anonyme

QUESTIONS

① **DOC 1.** Quels sont les types de cyberviolence particulièrement présents sur les réseaux sociaux ?

② **DOC 1 ET 2.** En quoi les échanges du document 2 relèvent-ils du cyberharcèlement ?

③ **DOC 3.** En quoi le texte de loi protège-t-il les victimes de cyberharcèlement ?

④ **DOC 4.** Que devez-vous faire en cas de cyberharcèlement ?

⑤ **CONCLUSION.** Pourquoi Internet favorise-t-il le cyberharcèlement ?

Voir **DICO SNT** p. 185

COURS

Voir **DICO SNT** p. 185

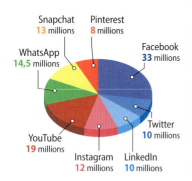

DOC 1 Utilisateurs actifs des réseaux sociaux en France en 2018

1 • Les caractéristiques des réseaux sociaux

A Définition

Les **réseaux sociaux** sont des applications mettant en relation des internautes. Certains ont un thème imposé, d'autres sont généralistes.
Exemple LinkedIn est dédié au « réseautage » professionnel, Twitter à l'actualité, tandis que Facebook est généraliste.
Le nombre d'abonnés varie d'un réseau à un autre **(Doc 1)**. Ils permettent l'échange de contenus de natures diverses (photos, vidéos, textes) ainsi que d'autres fonctionnalités (jeux, filtres photos et vidéos, durée de publication limitée, etc.). → ACTIVITÉ 2, P. 130

→ EXERCICE 4, P. 142

B Les principaux concepts

Pour se connecter, un identifiant et un mot de passe propres à l'application sont nécessaires. On parle d'**identification** et d'**authentification**. Le paramétrage des abonnements permet de contrôler la confidentialité de ses données personnelles et les traces laissées sur les réseaux sociaux. L'ensemble de ses traces est appelé **identité numérique**. Elle influence l'image de l'utilisateur sur Internet, appelée **e-réputation**.

→ EXERCICES 8, 11 ET 13, P. 142 À 145

Sensibilisation	Considération
Notoriété de la marque	Trafic
Portée	Interactions
	Installations d'apps
	Vues de vidéos
	Génération de prospects
	Messages

DOC 2 Espace de création de publicité Facebook

Carrière
Trouvez un emploi et prenez une longueur d'avance

- Démarquez-vous et contactez des responsables de recrutement
- Découvrez comment vous vous situez par rapport aux autres candidats
- Apprenez de nouvelles compétences et faites évoluer votre carrière

DOC 3 Une offre Premium LinkedIn

2 • Le modèle économique des réseaux sociaux

A La publicité et les contenus sponsorisés

Les entreprises des réseaux sociaux sont principalement rémunérées grâce à la publicité. Elles fournissent aux annonceurs des informations qui permettent d'adapter le contenu des publicités proposées au profil de l'utilisateur. C'est ce qu'on appelle le **ciblage (Doc 2)**.
Les publications sponsorisées permettent de mettre en avant une publicité et de mieux la cibler, *via* l'achat d'un espace spécifique sur les réseaux sociaux qui le proposent. → ACTIVITÉ 3, P. 132

B L'accès à des fonctionnalités payantes

Une petite partie des revenus provient de modèles « freemium » qui proposent une offre basique gratuite et une offre « premium » payante donnant droit à des fonctionnalités supplémentaires **(Doc 3)**.

→ EXERCICES 6, 12 ET 14, P. 143 À 145

138 ■ Les réseaux sociaux

3 • Les communautés et leurs représentations

A Les graphes

Dans un réseau social, les liens entre utilisateurs sont complexes. Il est donc nécessaire de les représenter simplement, sous la forme d'un **graphe**. Un graphe est constitué d'un ensemble de **sommets** (utilisateurs) et d'**arêtes** (liens entre utilisateurs). → ACTIVITÉ 4, P. 134

B Les caractéristiques des graphes

La **distance** entre deux sommets dans un graphe est le nombre de liens constituant le plus court chemin entre eux.
Exemple Dans le doc. 4, la distance entre A et D est de 3.

Le **diamètre** d'un graphe est la plus grande distance entre deux sommets.
Exemple Dans le doc. 4, le diamètre est de 4.

Le **rayon** est la plus petite distance à laquelle puisse se trouver un sommet de tous les autres.

Le **centre** est un sommet placé à la plus petite distance de tous les autres.
Exemple Dans le doc. 4, le centre est le sommet E, le rayon est de 2. Tous les sommets sont au plus à une distance de 2 des autres sommets et il n'est pas possible de faire moins.

→ EXERCICES 5 ET 7, P. 142-143

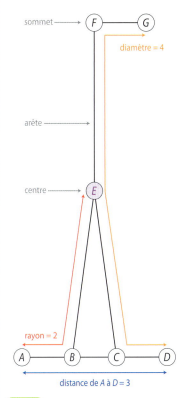

DOC 4 Représentation d'un réseau social sous forme de graphe

C Les « petits mondes »

Les réseaux sociaux facilitent les connexions. On estime aujourd'hui que le degré de séparation moyen entre deux utilisateurs est de 3 personnes environ, contre 6 à la fin des années 1960 d'après l'expérience de Milgram. Néanmoins, les réseaux sociaux sont critiqués pour leur tendance à créer des communautés, notamment *via* des algorithmes de recommandation. Ces « petits mondes » fermés sur eux-mêmes conduiraient à un repli sur soi et à un appauvrissement de la pensée critique.

4 • La cyberviolence

La **cyberviolence** regroupe toutes les violences commises à l'aide d'outils de communication numériques.
Exemple Les intimidations, les insultes, les moqueries, les menaces, la diffusion d'informations ou d'images personnelles, la propagation de rumeurs, etc. **(Doc 5)**.

On parle de **cyberharcèlement** dans le cas d'actes de cyberviolence répétés. Le harcèlement sur Internet est puni par la loi (article 222-33-2-2 du code pénal). Les sanctions pénales peuvent atteindre 3 ans de prison et une amende de 45 000 euros. → ACTIVITÉ 5, P. 136

→ EXERCICES 9 ET 10, P. 143-144

DOC 5 Affiche de prévention contre la cyberviolence

L'essentiel — Les réseaux sociaux

Je retiens par le texte

❶ Les caractéristiques des réseaux sociaux

Les **réseaux sociaux** sont des services mettant en relation des internautes.
On distingue les réseaux sociaux par leurs caractéristiques : nature des contenus partagés, fonctionnalités, taille, nombre d'abonnés…

L'ensemble de toutes les informations présentes au sujet d'une personne sur Internet constitue son **identité numérique**. La façon dont elle est perçue par les autres internautes est sa **e-réputation** qui doit être protégée par le paramétrage de ses comptes et la sécurité de son identification et authentification.

❷ Le modèle économique des réseaux sociaux

Les principales sources de revenus des réseaux sociaux sont :
– la publicité : elle peut être **ciblée** en fonction du profil de l'utilisateur et sponsorisée pour être mise en avant ;
– le modèle « freemium » : il combine un accès de base gratuit et un abonnement « premium » proposant des fonctionnalités supplémentaires.

❸ Les communautés et leur représentation

Les réseaux sociaux peuvent être représentés à l'aide d'un **graphe**. Un graphe est un ensemble de sommets et d'arêtes. On peut les caractériser en identifiant leur **centre**, **diamètre**, **distance** et **rayon**.
Les réseaux sociaux permettent de réduire le degré de séparation mais conduisent à la formation de « petits mondes » fermés sur eux-mêmes.

❹ La cyberviolence

Une violence commise en ligne, sur un réseau social, est une **cyberviolence**. Si elle se répète, on parle de **cyberharcèlement**. Le cyber-harcèlement est puni par la loi et doit faire l'objet d'un signalement et d'un dépôt de plainte.

VOCABULAIRE

Centre : sommet le plus proche de tous les autres dans un graphe.

Cyberharcèlement : actes répétés de cyberviolence.

Cyberviolence : violences réalisées au moyen des nouvelles technologies.

Diamètre : plus grande distance entre deux sommets quelconques du graphe.

Distance (entre deux sommets) : nombre minimum d'arêtes entre deux sommets.

E-réputation : image d'une personne sur Internet.

Graphe : représentation schématique d'un réseau.

Identité numérique : ensemble des données concernant un utilisateur sur Internet.

Publicité ciblée : publicité personnalisée en fonction des données d'un utilisateur.

Rayon : distance d'un centre du graphe au plus éloigné des autres sommets.

Réseau social : service permettant de relier des individus en ligne.

Je retiens par l'image

ANIMATION
Je retiens l'essentiel
lienmini.fr/3389-607

Les caractéristiques des réseaux sociaux

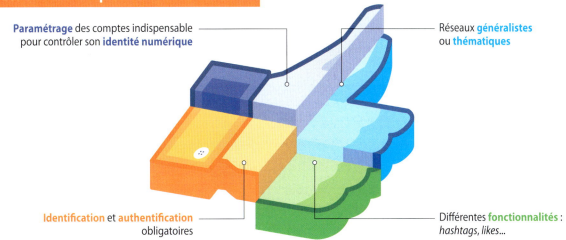

Paramétrage des comptes indispensable pour contrôler son **identité numérique**

Réseaux **généralistes** ou **thématiques**

Identification et **authentification** obligatoires

Différentes **fonctionnalités** : *hashtags, likes...*

Le modèle économique des réseaux sociaux

Accès de base → Publicité ciblée

Accès Premium → Paiement d'un abonnement — Souscrire

Les communautés et leur représentation

Une communauté représentée par un graphe

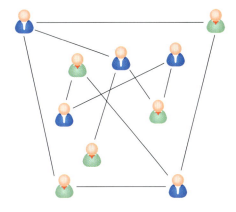

La cyberviolence

Que faire face à une situation de cyberharcèlement ?

Je suis la cible des attaques
- Ne pas répondre aux commentaires.
- Se déconnecter de tous ses comptes.
- Conserver toutes les preuves.

Je suis témoin des attaques
- Je ne fais pas de commentaires.
- Je signale aux autorités.

Les réseaux sociaux ■ 141

EXERCICES

POUR VÉRIFIER SES ACQUIS

❶ Vrai ou faux ?

Identifier les propositions exactes.

a. Les publicités que l'on voit sur les réseaux sociaux sont choisies au hasard.

b. Le modèle économique « freemium » propose une offre entièrement gratuite.

c. Les arêtes du graphe d'un réseau social représentent les liens entre les utilisateurs.

d. Le centre d'un graphe est à un seul lien de tous les autres sommets.

e. On ne peut rien faire contre le harcèlement sur Internet, c'est impossible à contrôler.

❷ QCM

Pour chaque proposition, identifier la bonne réponse.

a. Mes données personnelles sur les réseaux sociaux :

☐ sont à moi, personne ne peut les utiliser.

☐ peuvent être utilisées pour cibler les contenus qui me sont proposés.

☐ peuvent être vendues librement à n'importe qui.

b. Les réseaux sociaux gagnent de l'argent principalement grâce :

☐ à des aides de l'État.

☐ à la publicité.

☐ aux constructeurs de téléphones qui leur versent de l'argent.

c. La distance entre deux sommets dans un graphe est :

☐ le nombre de liens constituant le plus court chemin entre eux.

☐ le nombre de liens constituant le plus long chemin entre eux.

☐ la moyenne du nombre de liens entre eux.

❸ Qui suis-je ?

Recopier et compléter les phrases.

a. L'ensemble de toutes les informations présentes au sujet de quelqu'un sur Internet est son … .

b. La violence commise de manière répétée à l'aide d'outils de communication numériques est le … .

c. On peut représenter un réseau social sous la forme d'un … .

→ *Vérifier vos réponses p. 188*

POUR S'ENTRAÎNER

❹ Les différents réseaux sociaux

CAPACITÉ : Distinguer plusieurs réseaux sociaux.

• Identifier le réseau social correspondant aux caractéristiques mentionnées.

A Spécialisé dans la photo, je détiens également le record du taux de harcèlement chez les jeunes.

B Avec 2,3 milliards d'utilisateurs actifs, je suis le premier réseau social dans le monde.

C Mes utilisateurs apprécient mes millions de vidéos disponibles.

❺ La représentation d'un réseau social **CAPACITÉ :** Déterminer les caractéristiques de graphes simples.

1. Représenter sous forme d'un graphe un réseau social constitué de 6 personnes A, B, C, D, E et F où :

– A est ami avec B et D ;
– B est ami avec A, C et E ;
– C est ami avec B et E ;
– D est ami avec A et E ;
– E est ami avec F.

2. Quelle est la distance entre A et C ? entre A et F ?

3. Quel est le diamètre de ce graphe ?

❻ Les modèles économiques de deux réseaux sociaux CAPACITÉ : Identifier les sources de revenus.

Le réseau social professionnel LinkedIn tire une partie de ses revenus des abonnements destinés aux entreprises ou aux demandeurs d'emploi. Les documents ci-contre montrent la répartition des revenus annuels de LinkedIn et de Facebook.

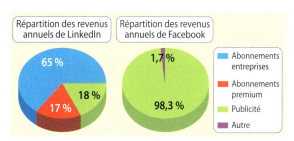

1. Expliquer les différences entre les deux modèles économiques.

2. En quoi la nature des réseaux sociaux explique-t-elle ces différences ?

❼ Les caractéristiques d'un graphe CAPACITÉ : Déterminer les caractéristiques de graphes simples.

• Sur les deux graphes ci-contre, déterminer le rayon, le diamètre, le ou les centres.

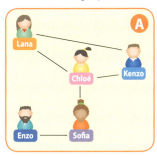
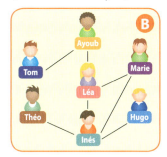

❽ Le contrôle de sa e-réputation CAPACITÉ : Connaître les principaux concepts.

• Parmi les comportements suivants, quels sont ceux à éviter et ceux à privilégier pour contrôler sa e-réputation ?

– Configurer convenablement ses paramètres de confidentialité.
– Laisser tous les lecteurs déposer des commentaires sur ses articles.
– Poster toutes ses photos et vidéos personnelles.
– Vérifier régulièrement ce qui se dit de nous sur Internet.
– Maîtriser son langage et veillez à la qualité des publications.
– Exprimer systématiquement son opinion sur tous les sujets.

– Accepter uniquement les invitations des personnes que l'on connaît.
– Éviter de parler de religion ou de politique.
– Ne jamais parler de sa vie personnelle.
– Ne pas copier/coller l'article d'un autre internaute.
– Supprimer le compte d'un réseau social dont les contenus ne nous correspondent plus.

❾ Les réactions face au cyberharcèlement

CAPACITÉ : Connaître l'article 222-33-2-2 du code pénal et les différentes formes de cyberviolence.

Charlotte, 14 ans, reçoit tous les jours depuis deux semaines des messages violents ou insultants sur son compte Instagram. Il s'agit souvent de commentaires sur ses photos et de messages privés. Elle ne connaît pas les personnes qui lui écrivent qui se cachent derrière des pseudos.

1. Est-ce de la cyberviolence ? du cyberharcèlement ? Pourquoi ?

2. Que conseilleriez-vous à Charlotte pour se faire aider ?

3. Que risquent les responsables de ces messages ?

Les réseaux sociaux ■ 143

EXERCICES

POUR S'ENTRAÎNER À PROGRAMMER

10 La lutte contre la cyberviolence

CAPACITÉ : Connaître l'article 222-33-2-2 du code pénal et les différentes formes de cyberviolence.

Dans le cadre de la lutte contre la cyberviolence, des lycéens proposent de créer un logiciel qui repère et remplace des mots blessants dans les messages. Ils ont créé une liste contenant ces mots appelée *listeInterdits*.

VIDÉO
Lutter contre le cyberharcèlement grâce aux algorithmes
lienmini.fr/3389-609

• **Je comprends un algorithme**

```
1  demander message
2  pour tous les mots du message
3    si le mot est dans listeInterdits alors
4      remplacer mot par "petite fleur"
5  envoyer message
```

 Besoin d'aide pour comprendre une instruction conditionnelle ? Revois la Méthode, p. 177

1. Que fait cet algorithme ?

2. Que faut-il modifier dans l'algorithme précédent pour qu'il compte et affiche le nombre de mots interdits présents dans le message, s'il y en a ?

11 L'identification et l'authentification
CAPACITÉ : Distinguer plusieurs réseaux sociaux et en connaître les concepts.

• **Je comprends un programme**

```
1  identifiant = input ("Identifiant ?")
2  motDePasse = input ("mot de passe ?")
3  if identifiant=="Ktimo2004" and motDePasse=="Mprx24$":
4    print("connexion autorisée")
```

Coup de pouce Python
• Les lignes 1 et 2 permettent la saisie de l'identifiant et du mot de passe.
• Ligne 4, l'affichage est effectué si la condition de la ligne 3 est vérifiée.

 Besoin d'aide pour comprendre une instruction conditionnelle ? Revois la Méthode, p. 177

1. Que fait ce programme ?

2. Que faut-il ajouter à ce programme pour qu'il affiche *Connexion refusée* si l'identifiant ou le mot de passe ne sont pas bons ?

3. Réécrire un programme qui affiche :
– *Cet utilisateur n'est pas reconnu* si l'identifiant n'est pas le bon ;
– *Le mot de passe est faux* si l'identifiant est le bon mais pas le mot de passe ;
– *Connexion autorisée* si l'identifiant et le mot de passe sont corrects.

12 Les publicités ciblées
CAPACITÉ : Identifier les sources de revenus.

Un magasin de téléphone souhaite envoyer une publicité ciblée à tous les jeunes de moins de 25 ans situés à moins de 100 km du magasin.

1. Écrire une fonction nommée *publicite* prenant les variables *distance* et *age* en paramètres et affichant le texte « Promo dans votre magasin MonPhone près de chez vous » si *distance* est inférieure à 100 et *age* est inférieure à 25.

2. Écrire le programme principal qui appelle cette fonction pour les valeurs *distance* = 50 et *age* = 15 et pour les valeurs *age* = 20 et *distance* = 250.

144 ■ Les réseaux sociaux

13 Le paramétrage des abonnements

CAPACITÉ : Paramétrer des abonnements.

On souhaite déterminer si une publication peut être vue ou non par un utilisateur selon le statut de la publication et celui de l'utilisateur. La fonction accesAutorise prend en paramètres une variable statut donnant le statut de l'utilisateur (*Public* ou *Ami*) et une variable publication (*Publique* ou *Privée*). Elle renvoie 1 si la publication est visible par l'utilisateur, sinon 0. Les publications avec le statut *Privée* ne sont visibles que par les amis, les publications avec le statut *Publique* peuvent être vues par tout le monde.

• **Je complète un programme**

```
1  def accesAutorise(statut,publication):
2    if statut == ...:
3      return 1
4    else:
5      if publication == "Publique":
6        return ...
7      else:
8        return ...
9  autorisation = accesAutorise("Public","Privée")
```

Coup de pouce Python

• La ligne 1 permet la création de la fonction accesAutorise.

• La ligne 3 renvoie le résultat 1 si la condition de la ligne 2 est vérifiée.

• Le test de la ligne 5 est effectué si la condition de la ligne 2 n'est pas vérifiée.

Besoin d'aide pour écrire une instruction conditionnelle ?
Revois la Méthode, p. 177

1. Recopier et compléter la fonction accesAutorise.
2. À quoi est égale la variable autorisation ?

14 Le modèle payant sur Internet   CAPACITÉ : Identifier les sources de revenus.

Un abonnement « premium » sur un réseau social de vidéo coûte 9,99 € par mois avec trois mois d'essai gratuit pour une seule personne ou 15,99 € avec 1 mois d'essai gratuit pour toute la famille. Recopier le programme suivant puis compléter :

1. Les lignes 3 et 4 du programme afin de faire afficher « Abonnement minimal d'un an » si n est inférieur à 12.

2. Les lignes 6 et 8 afin de calculer le prix pour *n* mois selon le choix d'abonnement.

• **Je complète un programme**

```
1  abonnement=input("Abonnement: seul ou famille ?")
2  mois=int(input("nombre de mois="))
3  if...
4  ...
5  elif abonnement=="seul":
6    prix=...
7  else:
8    prix=...
9  print(prix)
```

Coup de pouce Python

• Les lignes 1 et 2 permettent de demander des valeurs pour les variables *abonnement* et *mois*.

• Le test de la ligne 5 est effectué si la condition de la ligne 3 n'est pas vérifiée.

• La ligne 8 n'est prise en compte que si les conditions des lignes 3 et 5 ne sont pas vérifiées.

Besoin d'aide pour écrire une instruction conditionnelle ?
Revois la Méthode, p. 177

#LE NUMÉRIQUE ET VOUS

DÉBATS

Réseaux sociaux, un espace de liberté ?

LE DÉBAT
Peut-on tout dire sur les réseaux sociaux ?

CAPACITÉ TRANSVERSALE :
Développer une argumentation dans le cadre d'un débat

VIDÉO
Le guide des bonnes manières sur Facebook
lienmini.fr/3389-610

Internet et les réseaux sociaux sont souvent présentés comme des zones de non-droit. On pourrait y écrire tout ce que l'on souhaite. La réalité est plus complexe ! Certes, sur les réseaux sociaux, toute personne a le droit de s'exprimer librement, d'échanger des avis, de prendre parti sur un sujet. Mais tout cela à condition de connaître les limites légales, les règles de la Nétiquette ou les conditions générales d'utilisation des réseaux.

ACTIVITÉS

1. Les réseaux sociaux sont-ils des lieux d'expression libre ?
2. Quelles sont les limites légales et celles imposées par les réseaux eux-mêmes à la liberté d'expression ?
3. Quelles peuvent être les conséquences des propos tenus sur les réseaux sociaux ?

MINI-PROJET

Le partage d'informations

CAPACITÉS TRANSVERSALES :
Rechercher de l'information, apprendre à utiliser des sources de qualité

Avec les réseaux sociaux, le partage de nos avis, photos ou vidéos est facilité. Mais certaines personnes se croient également autorisées à partager des informations sur les autres, et ce, sans leur consentement, parfois avec des intentions malveillantes et des conséquences désastreuses pour la victime. Ceci est strictement illégal : les contenus publiés sur les réseaux sociaux appartiennent à leur auteur et il est donc indispensable de solliciter son autorisation et de respecter son droit à l'image.

ACTIVITÉS

• Réaliser en groupe un document (affiche, diaporama, page Web, vidéo) de prévention sur les dangers du partage d'informations.

Sur Facebook, la gendarmerie invite à protéger l'identité des plus jeunes
10/04 à 10 h 19

Mise en garde de la gendarmerie sur le partage des photos d'enfants

EXPOSÉ — Rumeurs et *fake news*

CAPACITÉS TRANSVERSALES :
Rechercher de l'information, coopérer au sein d'une équipe

Aujourd'hui, beaucoup d'internautes rencontrent chaque jour sur Internet des *fake news*. Elles peuvent être de différentes natures : canular, *hoax* (blague), accusations à tort, rumeur, etc. Les *fake news* se transmettent principalement *via* les réseaux sociaux. Quand une fausse nouvelle est postée, les internautes la font circuler, sans la vérifier préalablement, en la partageant et en la likant. Ces fausses nouvelles peuvent alors faire le tour de la planète en quelques instants. Les auteurs à l'origine de ces *fake news* sont en général motivés par des enjeux politiques (soutenir une cause ou une personnalité politique ou au contraire discréditer un ennemi) ou par des gains financiers.

ACTIVITÉS

Réaliser par groupe de deux ou trois un exposé sur un des thèmes suivants :

1. Définition et exemples de *fake news*.
2. Comment se protéger contre les *fake news* ?
3. L'action des réseaux sociaux pour lutter contre la manipulation d'information.

Quelles sources propagent les *fake news* ?

- Les réseaux sociaux : 82 %
- Les influenceurs : 52 %
- Les sites d'information sur Internet : 43 %
- Les courriels : 28 %
- Les personnalités politiques : 28 %
- Les portails de médias traditionnels : 19 %
- Les recommandations de l'entourage : 15 %
- D'autres supports : 1 %

Sondage sur la diffusion de *fake news* sur Internet

MÉTIER — Community manager

CAPACITÉ TRANSVERSALE :
Rechercher de l'information

Le *community manager* (appelé aussi chargé de communication Web ou *social media manager*) a pour mission de s'assurer de la présence et de la bonne réputation d'une entreprise sur les réseaux sociaux. Pour cela, il anime une communauté d'internautes, publie des tweets, répond aux questions sur le site internet de l'entreprise, alimente la page Facebook…

Community manager

ACTIVITÉS

1. Dans quels secteurs travaillent essentiellement les *community managers* ?
2. Quelles compétences faut-il posséder pour faire ce métier ?
3. Quelle formation faut-il suivre ?

VIDÉO

Découvrons le métier de *community manager*

lienmini.fr/3389-611

Les réseaux sociaux ▪ 147

Capacités attendues*

- ▶ Identifier des algorithmes de contrôle des comportements physiques .... Activité 2 • p. 154
- ▶ Écrire des programmes simples d'acquisition de données ou de commande d'un actionneur .... Activité 3 • p. 156
- ▶ Réaliser une IHM simple d'un objet connecté .... Activité 4 • p. 158

Bulletin officiel spécial, n° 1, 22 janvier 2019.

L'informatique embarquée permet de rendre nos villes plus connectées et intelligentes.

THÈME 7

L'informatique embarquée

Pour commencer
une vidéo interactive

Les objets connectés, des robots dans nos maisons ?

Répondez au quiz intégré à la vidéo.

lienmini.fr/3389-701

POUR TESTER SES CONNAISSANCES

→ Vérifier vos réponses p. 188

Pour chacune des questions, choisissez la bonne réponse à l'aide de vos connaissances.

1 Fonctionnement d'un système informatique embarqué

1 Un système informatique embarqué permet de :
a. relier plusieurs composants informatiques.
b. programmer un logiciel.
c. contrôler et piloter une machine.

2 La carte programmable d'un système informatique embarqué permet :
a. d'exécuter des instructions.
b. d'interroger un serveur de données.
c. de simplifier le résultat d'un calcul.

3 L'implantation d'un programme dans un système informatique embarqué nécessite :
a. la saisie d'informations.
b. une liaison filaire ou par ondes entre le système embarqué et un ordinateur.
c. la déclaration de variables.

Drone de surveillance

Un système informatique embarqué permet de contrôler et piloter une machine ou un système (avions, voitures, robots, drones, portails, volets, etc.). Il est intégré à un objet et il regroupe différents composants (carte programmable, capteurs, actionneurs).

2 Capteurs et actionneurs

1 Un système informatique embarqué acquiert des informations grâce à :
a. son microprocesseur.
b. sa mémoire.
c. ses capteurs.

2 Un composant qui mesure la température est :
a. un calculateur.
b. un capteur.
c. un actionneur.

3 Un composant qui doit émettre un signal sonore est :
a. un opérateur.
b. un capteur.
c. un actionneur.

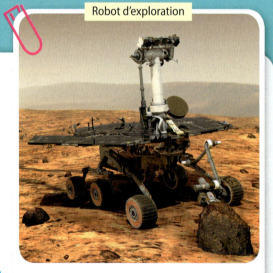

Robot d'exploration

Les capteurs sont des composants qui envoient des informations à la carte programmable du système informatique embarqué. Les actionneurs sont des composants qui exécutent les ordres de la partie commande.

QCM
Je me teste en ligne
lienmini.fr/3389-702

3 Programmation d'un système informatique embarqué

❶ **Un algorithme est une suite d'instructions qui permet :**
  a. d'activer la mémoire d'un ordinateur.
  b. de résoudre un problème ou décrire le comportement d'un système.
  c. de faire le lien entre un utilisateur et un système.

❷ **Un programme Scratch commence par :**
  a. le traitement d'informations.
  b. l'affichage de calculs.
  c. un évènement.

❸ **L'instruction « si d < 15 alors reculer » permet de :**
  a. mesurer la température d'une machine.
  b. détecter la distance d'un obstacle.
  c. lire un QR Code.

Séquence d'instructions en Scratch pour piloter un drone

Pour écrire le programme d'un système informatique embarqué, on doit réfléchir au problème à résoudre (comportement attendu de la machine) que l'on peut représenter à l'aide d'un algorithme. À l'aide des instructions disponibles du système informatique embarqué, on peut traduire l'algorithme sous la forme d'un programme.

4 Interfaces

❶ **Une interface est :**
  a. une machine qui remplace les êtres humains.
  b. un dispositif (écran, boîtier, commande vocale) qui permet aux hommes de contrôler une machine.
  c. un dispositif (écran, boîtier, commande vocale) qui relie plusieurs machines.

❷ **Pour réaliser l'interface d'une application pilotant un objet, on doit :**
  a. créer des sous-programmes.
  b. tester une condition.
  c. dessiner des objets (boutons, zones de texte, cases à cocher, etc.).

❸ **Une interface entre une machine et un homme assure une fonction :**
  a. d'automatisation.
  b. de communication.
  c. de traitement.

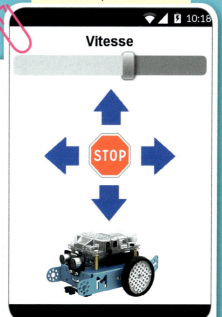

Écran permettant de communiquer avec un robot

Une interface est un dispositif (écran, boîtier, console, etc.) qui fait le lien entre une machine et l'utilisateur. Pour la concevoir, on utilise un logiciel qui permet de dessiner les différents éléments utilisés auxquels on associe un programme.

L'informatique embarquée ■ 151

ACTIVITÉ 1

Repères historiques

Une réplique du premier transistor (1947). Il mesure quelques centimètres, contre 1 nanomètre pour le plus petit, créé en 2016.

1947
Les transistors

Jusqu'à l'invention des **transistors** en 1947 aux États-Unis, les composants électroniques utilisés par les machines sont volumineux, peu fiables et consomment beaucoup d'énergie. Le transistor permet de miniaturiser les machines. Un smartphone est ainsi beaucoup plus puissant que les ordinateurs de plusieurs tonnes des années 1940.

1969
Les systèmes informatiques embarqués vers la Lune

Au cours des années 1960, la miniaturisation fait passer les ordinateurs de la taille d'une pièce de plusieurs m² à celle d'une grosse boîte. Il devient dès lors possible de les embarquer dans des véhicules, tels que la fusée Saturne V et le module lunaire qui emmènent des astronautes pour la première fois sur la Lune en 1969 lors de la mission américaine Apollo. Par la suite, l'informatique embarquée ne cesse de se répandre : en 1984, l'Airbus A320 est le premier avion équipé de commandes électriques et en 1998 la ligne 14 du métro parisien est la première à être automatisée.

Le système *Launch Vehicle Digital Computer* était l'autopilote de Saturn V pour conduire la fusée du sol à l'orbite terrestre.

1971
Les premiers processeurs

Un **processeur** est un circuit électronique contenant de nombreux transistors et réalisant des calculs. Lorsqu'on le miniaturise, on parle de **microprocesseur**. Le premier mis sur le marché est le C4004 de la société américaine Intel en 1971. Il contient 2 300 transistors et est utilisé dans des calculatrices et des flippers. Aujourd'hui, un processeur de smartphone contient plusieurs milliards de transistors.

Un processeur C4004 en céramique blanche, produit de 1971 à 1981

152 ■ L'informatique embarquée

1982
Les premiers objets connectés

Le premier **objet connecté** est un distributeur de Coca-Cola installé en 1982 aux États-Unis, dans l'université Carnegie Mellon. Un **capteur**, que les étudiants en informatique ont placé dans le distributeur, leur permet de savoir si le distributeur est plein ou non et si les canettes sont fraîches ! Il leur suffit pour cela de consulter ces données depuis un ordinateur connecté au distributeur *via* Arpanet. Aujourd'hui, de plus en plus d'objets sont connectés des smartphones aux montres en passant par les téléviseurs, les réfrigérateurs et même les brosses à dents !

Le distributeur de Coca-Cola connecté de Carnegie Mellon

Le premier smartphone, l'IBM Simon. Son écran tactile ne reconnaissait la présence que d'un seul doigt à la fois.

VIDÉO 2:30
DÉCOUVRONS L'HISTOIRE DE L'INFORMATIQUE EMBARQUÉE

lienmini.fr/3389-703

Le smartphone

Le premier smartphone est conçu en 1992 sous le nom d'IBM Simon : c'est le premier mobile tactile qui combine plusieurs fonctions comme un service de messagerie, de fax, un assistant personnel et même un traitement de texte rudimentaire. Une rupture technologique survient en 2007 lorsqu'Apple lance l'iPhone et son écran tactile multipoint capable de prendre en compte la position simultanée de plusieurs doigts pour, par exemple, agrandir une photo.

2000 **2007**

Kevin Ashton, l'inventeur de l'expression « Internet des objets »

1999
L'« Internet des objets »

L'expression « **Internet des objets** » *(Internet Of Things)* est inventée en 1999 par l'entrepreneur britannique Kevin Ashton. Elle désigne l'ensemble des objets pouvant se connecter à Internet pour échanger des informations, communiquer entre eux ou interagir avec leurs utilisateurs. Mais, il faut voir plus grand ! Il existe désormais des réseaux urbains connectés, tels que ceux de l'électricité qui permettent de scruter la consommation d'énergie. Le futur verra probablement des villes connectées dont les objets et les réseaux seront interconnectés pour leur permettre de réagir aux désirs et comportements de leurs habitants mais aussi pour enregistrer leurs données. C'est déjà le cas des smartphones qui nous géolocalisent et peuvent nous proposer des services à proximité de notre position. On estime qu'en 2020, environ 50 milliards d'objets devraient être connectés.

QUESTIONS

① Quel composant électronique a permis la miniaturisation des ordinateurs et des systèmes embarqués ?

② Citer des objets que l'on peut connecter à Internet.

③ Les objets individuels sont-ils les seuls à être connectés ?

Voir **DICO SNT** p. 185

L'informatique embarquée ■ 153

ACTIVITÉ 2

CAPACITÉ ATTENDUE :
Identifier des algorithmes de contrôle des comportements physiques

Les systèmes informatiques embarqués

De nombreux objets (voitures, vélos, robots, drones, etc.) intègrent un ordinateur. Ces systèmes, appelés « systèmes informatiques embarqués », associent à des cartes programmables des capteurs et actionneurs ainsi qu'un ou plusieurs écrans.

? Comment le comportement d'un objet est-il contrôlé ?

DOC 1 Le vélo électrique

Un vélo électrique est un vélo classique auquel on intègre des **capteurs**, qui acquièrent toutes les données nécessaires à l'assistance au pédalage, et un **actionneur** (moteur) qui augmente ou réduit la vitesse du vélo.

Les principaux composants d'un vélo électrique

Écran
Il affiche la vitesse, la distance parcourue, l'activation de l'assistance électrique et la charge de la batterie. Connecté par Bluetooth ou Wifi, il se synchronise avec les applications pour smartphone.

Batterie
La batterie lithium-ion est facile à installer, retirer et recharger grâce à la prise intégrée au vélo.

Moteur
Trois capteurs intégrés mesurent le couple (force à l'instant t à la sortie de l'axe de rotation), la vitesse et l'accélération plus de 1 000 fois par seconde.

154 ■ L'informatique embarquée

DOC 2 — L'ajustement du niveau d'assistance au pédalage

Selon une directive européenne, pour qu'un vélo électrique soit considéré comme un vélo et non comme un cyclomoteur, il faut que l'assistance au pédalage cesse dès que la vitesse du vélo électrique atteint 25 km/h : le vélo peut alors rouler plus vite mais sans assistance.

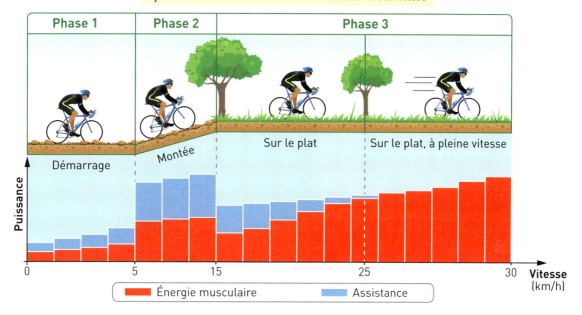

Ajustement du niveau d'assistance en fonction de la vitesse

DOC 3 — Algorithme de contrôle de l'assistance électrique

L'assistance électrique d'un vélo doit être constamment modulée. On peut décrire ce comportement sous la forme d'un **algorithme** de contrôle.

```
faire tant que l'assistance électrique est activée
    vitesse ← grandeur physique fournie par le capteur vitesse
    si vitesse < 25 alors
            activer le moteur électrique
    sinon
            arrêter le moteur électrique
```

QUESTIONS

① **DOC 1.** À quoi servent les capteurs et l'actionneur dans un vélo électrique ?

② **DOC 2.** Décrire le comportement de l'assistance électrique pour chacune des trois phases. Que se passe-t-il lorsque le cycliste est à 15 km/h et qu'il est dans une montée ?

③ **DOC 2 ET 3.** À quoi sert l'algorithme de contrôle ?

④ **CONCLUSION.** Comment peut-on contrôler le comportement d'un objet ou d'un système ?

Voir **DICO SNT** p. 185

L'informatique embarquée ■ 155

ACTIVITÉ 3

CAPACITÉ ATTENDUE :
Écrire des programmes simples d'acquisition de données ou de commande d'un actionneur

La programmation d'un système informatique embarqué

Pour programmer l'informatique embarquée d'un objet, il est nécessaire d'identifier ses différents composants (carte programmable, capteurs, actionneurs), leurs caractéristiques de fonctionnement et les instructions disponibles.

? Comment programmer l'informatique embarquée d'un objet ?

DOC 1 — Un drone programmable

Un drone programmable est pilotable à partir d'un smartphone. Différents capteurs et actionneurs sont intégrés au drone. Il peut notamment être équipé d'un stabilisateur d'image pour photographier et filmer.

Les différents composants d'un drone programmable : Carte programmable, Capteur photographique, Capteur et témoin de charge de la batterie, Hélices, Moteur, Capteur d'altitude et capteur d'obstacles.

DOC 2 — La programmation d'un drone

La programmation du drone s'appuie sur l'utilisation de **structures algorithmiques** (variables, instructions conditionnelles, boucles, fonctions) et d'un langage de programmation à partir duquel on sélectionne les **instructions** spécifiques aux capteurs et actionneurs.

Capteurs	Caractéristiques de fonctionnement	Instructions Python
Baromètre altimétrique	Donne l'altitude en cm (compris entre 0 et 5000) à partir du sol (zone de référence).	`tof?`
Capteur batterie	Mesure la charge de la batterie en pourcentage (compris entre 1 et 100).	`battery?`

156 ■ L'informatique embarquée

DOC 3 — Programme d'atterrissage d'urgence du drone

Le programme Python suivant permet d'afficher un message d'alerte concernant l'état de la batterie.

```
1  def reponse
2      send (command)
3      return receive
4  pourcentage_batterie = reponse("battery?")
5  if pourcentage_batterie <= 20:
6      print ("batterie faible")
7      land()
```

Coup de pouce Python

- Les lignes 1, 2 et 3 définissent la fonction « reponse () » qui envoie une instruction au drone et attend sa réponse.
- La ligne 4 stocke la valeur renvoyée par le drone.
- La ligne 5 teste la charge de la batterie.
- Ligne 7 : l'instruction « land() » fait atterrir le drone.

Besoin d'aide pour comprendre une fonction ? Revois la Méthode, p. 181

DOC 4 — L'implantation d'un programme dans un drone

Pour exécuter et tester un programme, il faut l'implanter dans la carte programmable du drone. Pour cela, on utilise les fonctions de **connexion** et de **téléversement** du logiciel de programmation. Le téléversement peut se faire par ondes **Bluetooth** ou **Wifi** à partir d'un ordinateur, d'un téléphone…

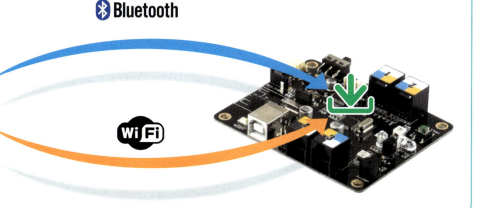

Téléversement d'un programme par ondes

QUESTIONS

① **DOC 1.** Quels sont les différents capteurs et actionneurs du drone ?

② **DOC 2.** À quelles fonctions d'utilisation du drone peut servir l'instruction « tof? » ?

③ **DOC 3.** Compléter l'instruction conditionnelle pour que le programme affiche le pourcentage de charge lorsqu'il est supérieur à 20.

④ **DOC 4.** Quel est le protocole de communication utilisé pour téléverser un programme dans le drone ?

⑤ **CONCLUSION.** Quelles sont les informations essentielles à connaître pour programmer un système informatique embarqué ?

Voir **DICO SNT** p. 185

L'informatique embarquée ■ 157

ACTIVITÉ 4

CAPACITÉ ATTENDUE :
Réaliser une IHM simple d'un objet connecté

Le pilotage d'un objet connecté

Un objet connecté est muni d'une liaison Bluetooth ou Wifi et d'une application qui fait le lien entre les utilisateurs et l'objet. Pour concevoir l'application qui pilote un objet connecté, on utilise un logiciel qui permet de dessiner les éléments graphiques de l'interface et de leur associer un programme.

? Comment réaliser l'interface d'un objet connecté ?

DOC 1 — Le pilotage d'un système d'éclairage connecté

Les systèmes d'éclairage actuels sont équipés d'un boîtier de connexion Wifi qui permet de commander les ampoules connectées à partir d'un smartphone ou d'un bouton-poussoir. Ce boîtier peut être connecté à Internet *via* un routeur pour piloter les ampoules de n'importe quel endroit du globe.

DOC 2 — L'interface homme-machine (IHM)

Une application sert d'**interface** entre l'homme et la machine, ici le système d'éclairage. L'écran du smartphone permet de contrôler et faire varier l'ambiance lumineuse des différentes pièces d'une habitation.

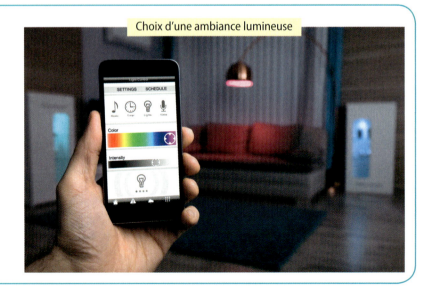

Choix d'une ambiance lumineuse

158 ■ L'informatique embarquée

DOC 3 — La réalisation d'une interface pour contrôler l'éclairage nocturne

Pour réaliser l'allumage automatique d'une lampe connectée en fonction de la luminosité à partir de l'écran d'un smartphone, on utilise un logiciel qui permet de dessiner chaque élément graphique de l'interface et de lui associer un composant à programmer.

DOC 4 — Programme associé au composant « Mode_eclairage »

Le programme Python suivant permet d'afficher sur l'écran de son smartphone l'état d'une ampoule connectée en fonction de la luminosité extérieure.

```
1  while True:
2      capteur = luminosité()
3      if capteur < 50:
4          display.show("Mode nuit")
```

Coup de pouce Python

- La ligne 1 répète indéfiniment le programme.
- La ligne 2 récupère la valeur du capteur de luminosité dans une variable.
- La ligne 3 teste la valeur renvoyée par le capteur de luminosité.
- La ligne 4 affiche sur l'écran du smartphone le message « Mode nuit ».

 Besoin d'aide pour comprendre des instructions conditionnelles ? Revois la Méthode, p. 177

QUESTIONS

1 DOC 1. Quel est le composant réseau qui permet de contrôler les ampoules connectées depuis l'extérieur de l'habitation ?

2 DOC 2. Imaginer les différentes fonctions que pourrait proposer une application pour gérer l'éclairage d'une habitation.

3 DOC 3 ET 4. Pour les trois composants de l'interface, déterminer le type de programme à écrire.

4 DOC 3 ET 4. Modifier le programme pour que l'application affiche « Mode jour » lorsque le niveau de luminosité extérieure est supérieur à 50.

5 CONCLUSION. Comment réalise-t-on l'interface d'un objet connecté ?

Voir **DICO SNT** p. 185

L'informatique embarquée ■ **159**

COURS

Voir **DICO SNT** p. 185

Moteur (= actionneur)   Capteur d'altitude et capteur d'obstacle

DOC 1 Un drone programmable

DOC 2 Une carte programmable

DOC 3 Un capteur : l'altimètre

DOC 4 Un actionneur : la DEL

1 • Les systèmes informatiques embarqués

A L'informatique embarquée

Un **système informatique embarqué** est un ensemble de composants (**cartes programmables**, capteurs et actionneurs) intégrés à un objet (maison, avion, voiture, vélo, robot, drone, enceinte, montre, etc.). Il sert à piloter cet objet à distance ou de manière autonome **(Doc 1)**. → ACTIVITÉ 2, P. 154

Lorsqu'un système informatique embarqué échange des informations avec un ordinateur, une tablette ou un smartphone, par le biais des protocoles de communication **Wifi**, **Bluetooth** ou du réseau Internet, on parle alors d'**objets connectés**. → ACTIVITÉ 4, P. 158

B La carte programmable

Une carte programmable intègre un **microprocesseur** qui effectue tous les traitements et qui stocke le code du programme **(Doc 2)**.

C Les capteurs et les actionneurs

Les **capteurs** sont des composants qui envoient des informations (entrées) au programme d'un système embarqué. Ils convertissent des grandeurs physiques ou mesures comme l'appui sur un bouton, la distance, la température, la luminosité, les mouvements, l'altitude, la pression atmosphérique, l'accélération, la localisation, etc. en une donnée exploitable dans un programme **(Doc 3)**.

Les **actionneurs** sont des composants qui agissent sur un système pour en modifier son comportement (sorties). Les actionneurs transforment les informations reçues du programme pour activer un moteur, un buzzer, un haut-parleur, des DEL, un ventilateur, etc. **(Doc 4)**.

→ EXERCICE 5, P. 165

2 • La programmation d'un système informatique embarqué

A L'écriture d'un programme

Avant d'écrire le programme d'un système informatique embarqué, on peut exprimer le problème à résoudre sous la forme d'un **algorithme** **(Doc 5)**.
→ ACTIVITÉ 2, P. 154

→ EXERCICE 4, P. 164

```
1  faire tant que
2      si le bouton a est pressé alors
3          afficher 1
4      sinon
5          afficher 0
```

DOC 5 Algorithme de contrôle d'un bouton-poussoir

160 ■ L'informatique embarquée

Pour programmer un système informatique embarqué, il faut repérer les instructions spécifiques aux capteurs et actionneurs et écrire le programme à l'aide des structures algorithmiques (**variables**, **instructions conditionnelles**, **boucles** et **fonctions**) disponibles dans le logiciel de programmation **(Doc 6)**.

→ Exercices 6, 7, 8, 9 et 10, p. 165 à 167

```python
while True:
    if button_a.is_pressed:
        display.show("1")
    else:
        display.show("0")
```

DOC 6 Programme Python d'un bouton-poussoir

B L'implantation d'un programme dans une carte programmable

Pour exécuter et tester un programme d'un système informatique embarqué, il faut l'implanter dans la carte programmable. Pour cela, on utilise les fonctions de connexion et de **téléversement** du logiciel fournies avec la carte programmable. Le téléversement peut se faire à l'aide d'un câble **USB** ou par ondes (Bluetooth, Wifi) **(Doc 7)**. → Activité 3, p. 156

Écriture et mise au point du programme à partir d'un logiciel → **ÉTAPE 1** Connexion par fil ou par ondes à la carte programmable → **ÉTAPE 2** Téléversement du programme dans la mémoire de la carte → Observation du comportement de l'objet

3 • L'interface homme-machine

Une **interface** est un dispositif (écran, boîtier, manette, commande vocale…) qui fait le lien entre l'utilisateur et la machine. Pour concevoir l'application qui pilote un objet connecté, on utilise un logiciel qui permet de dessiner les éléments graphiques de l'interface et de leur associer un programme **(Doc 8)**.
→ Activité 4, p. 158

DOC 8 La réalisation d'une interface

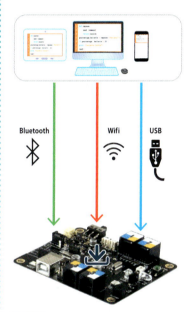

DOC 7 Implantation d'un programme dans une carte programmable

L'informatique embarquée ■ 161

L'essentiel — Informatique embarquée

AUDIO
Je retiens l'essentiel
lienmini.fr/3389-704

Je retiens par le texte

❶ Les systèmes informatiques embarqués

Un **système informatique embarqué** est intégré à un objet sous la forme de composants (carte programmable, **capteurs**, **actionneurs**). Il est destiné à piloter un objet à distance ou de manière autonome.

Lorsqu'un système informatique embarqué échange des données avec un ordinateur, une tablette ou un smartphone par le biais des protocoles de communication **Wifi**, **Bluetooth** ou du réseau Internet, on parle alors d'**objets connectés**.

❷ La programmation d'un système informatique embarqué

Pour programmer un système informatique embarqué, on exprime le problème à résoudre sous la forme d'un **algorithme**, on repère les instructions spécifiques aux capteurs et actionneurs et on écrit le **programme**.

Pour exécuter et tester un programme il faut l'implanter dans le système informatique. Pour cela on utilise les fonctions de connexion et de **téléversement** (flashage) du logiciel fournies avec le système informatique embarqué.

❸ L'interface homme-machine

Pour concevoir l'application qui pilote un objet connecté, on utilise un logiciel qui permet de dessiner les éléments graphiques de l'**interface** et de leur associer un programme.

VOCABULAIRE

Actionneur : composant qui agit sur le système informatique embarqué en modifiant son comportement.

Algorithme : suite d'instructions qui permet de résoudre un problème ou de définir le comportement d'un système.

Bluetooth : protocole de communication sans fil moins puissant que le Wifi qui relie par ondes radio un objet avec un smartphone ou une tablette.

Capteur : composant qui envoie une donnée que le programme du système informatique embarqué exploite.

Interface : dispositif (écran, boîtier, manette, assistance vocale…) qui fait le lien entre l'utilisateur et la machine (IHM).

Objet connecté : objet qui peut envoyer ou recevoir des données.

Programme : suite d'instructions d'un logiciel de programmation.

Système informatique embarqué : ensemble de composants programmables intégrés à un objet.

Téléversement : procédure de transfert d'un programme vers une carte programmable ou un objet connecté.

Wifi : protocole de communication sans fil qui relie par ondes radio plusieurs objets au sein d'un réseau informatique.

Je retiens par l'image

ANIMATION
Je retiens l'essentiel
lienmini.fr/3389-705

Les systèmes informatiques embarqués

Balance connectée

Informatique embarquée d'une balance connectée

- Capteurs
- Afficheur (actionneur)
- Carte programmable

La programmation d'un système informatique embarqué

Algorithme de contrôle

```
1  répéter indéfiniment
2      si les capteurs détectent une présence alors
3          afficher le poids
4      sinon
5          afficher « 0.0 »
```

Programme à téléverser

```
1  while True:
2      if sensor_1.is_pressed:
3          display.show("poids")
4      else:
5          display.show("0.0")
```

L'interface homme-machine

Balance connectée

Logiciel de création d'interface graphique

L'informatique embarquée ■ 163

EXERCICES

POUR VÉRIFIER SES ACQUIS

❶ Vrai ou faux ?

Identifier les propositions exactes.

a. Un système informatique embarqué n'est pas programmable.
b. Un capteur envoie des informations à la carte programmable du système embarqué.
c. Un moteur est un actionneur.
d. L'acquisition d'informations à l'aide d'un capteur permet de tester des grandeurs physiques.

❷ QCM

Pour chaque proposition, identifier la bonne réponse.

a. Un actionneur est un composant qui :
☐ permet au système de mémoriser des informations.
☐ agit sur le système embarqué.
☐ permet au système d'acquérir des informations.

b. Un capteur est un composant qui :
☐ agit sur le système.
☐ permet d'acquérir des informations.
☐ active une séquence d'instructions.

c. Un système informatique embarqué est :
☐ une interface graphique.
☐ une zone de stockage.
☐ programmable.

d. L'implantation d'un programme dans la mémoire d'une carte programmable nécessite :
☐ la saisie d'informations.
☐ une liaison entre le système embarqué et l'ordinateur.
☐ un évènement extérieur.

❸ Qui suis-je ?

Recopier et compléter les phrases.

a. Des instructions qui permettent de résoudre un problème ou de définir le comportement d'un système sont regroupées dans un ... .
b. Un dispositif écran qui fait le lien entre l'utilisateur et la machine s'appelle une ... .

→ *Vérifier vos réponses p. 188*

POUR S'ENTRAÎNER

❹ Le contrôle d'un système d'éclairage
CAPACITÉ : Identifier des algorithmes de contrôle des comportements physiques.

La porte principale pour accéder à un immeuble est sécurisée. Toutes les lampes sont éteintes par défaut. Le système d'éclairage programmé fonctionne dès qu'il fait nuit. Lorsqu'une présence est détectée devant la porte d'accès de l'immeuble la nuit, la lampe du seuil s'allume pendant 30 secondes. Dès que la porte est ouverte, le système informatique active la lumière du hall d'entrée pendant 60 secondes.

1. À quoi sert la détection d'une personne dans un hall d'entrée ?
2. Recopier et compléter l'algorithme à partir des informations disponibles.

• **Je complète un algorithme**

```
1  tant que le capteur de mouvement détecte une présence
2          ...........................................................
3          si ........................................................
4             ......................................................
```

164 ■ L'informatique embarquée

❺ Les composants et les instructions d'une carte programmable

CAPACITÉ : Écrire des programmes simples d'acquisition de données ou de commande d'un actionneur.

La carte programmable micro:bit comporte deux faces et différents composants : un microprocesseur ARM, deux boutons-poussoirs, un affichage comportant 25 DEL (5 × 5), un accéléromètre, un magnétomètre (fonction boussole) et une antenne Bluetooth pour communiquer avec d'autres cartes. Elle permet de programmer une carte en utilisant un langage de programmation par blocs (Makeblock) ou textuel (Python).

Instructions Python	Description de l'instruction
`from microbit import *`	Bibliothèque d'instructions de la carte micro:bit.
`display.scroll()`	Fait défiler la chaîne de caractères sur l'afficheur 25 DEL.
`display.show()`	Affiche une image à l'aide des 25 DEL.
`Display.clear()`	Éteint les 25 DEL.
`button_a.is_pressed()`	Teste si le bouton A a été pressé.
`button_b.is_pressed()`	Teste si le bouton B a été pressé.
`Button_a.get_presses()`	Compte le nombre de fois que le bouton A a été pressé.
`display.set_pixel(x,y,val)`	Allume (val=9) ou éteint (val=0) la DEL qui se trouve en x et y.

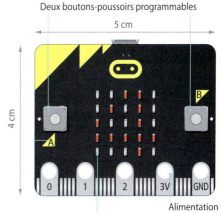

Affichage du chiffre « 4 » sur l'afficheur de la face avant de la carte micro:bit

Face avant

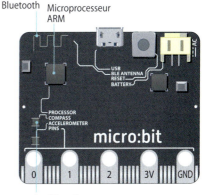

Face arrière

1. Quels sont les capteurs disponibles sur la carte micro:bit ?

2. Quels sont les actionneurs disponibles sur la carte micro:bit ?

3. Donner le nom des deux boutons disponibles sur la carte micro:bit.

4. Pour chaque instruction, noter le composant associé et s'il s'agit d'un capteur ou d'un actionneur.

❻ Le contrôle des accès

CAPACITÉ : Identifier des algorithmes de contrôle des comportements physiques.

Afin de sécuriser l'accès aux salles informatiques d'un lycée, de nouvelles serrures que l'on peut activer à l'aide d'un smartphone sont installées. Par défaut, la serrure est bloquée. La saisie d'un code secret à 4 chiffres permet l'accès aux salles. À la quatrième saisie erronée, la serrure se bloque et affiche « Accès interdit ».

• Recopier et compléter l'algorithme à partir des informations disponibles.

• **Je complète un algorithme**

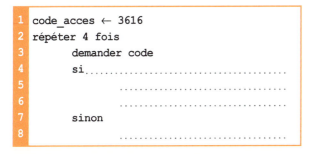

L'informatique embarquée ■ **165**

EXERCICES

POUR S'ENTRAÎNER À PROGRAMMER

❼ Le dé à six faces
CAPACITÉ : Écrire des programmes simples d'acquisition de données ou de commande d'un actionneur.

Le programme suivant simule le lancer d'un dé à six faces.

• **Je comprends un programme**

```
1  from microbit import*
2  import random
3  de=random.randint(1,6)
4  display.show(de)
```

Coup de pouce Python

• Ligne 3 : Le module « random » accompagné de la fonction « randint » permet de générer un nombre aléatoire compris entre deux intervalles.

👍 **Besoin d'aide pour comprendre une variable ? Revois la Méthode, p. 175**

1. Quel est le nom de la variable utilisée ?

2. En vous aidant du tableau des instructions Python de la carte micro:bit (exercice 5), déterminer la fonction de la dernière instruction.

❽ Le chiffre mystère

CAPACITÉ : Écrire des programmes simples d'acquisition de données ou de commande d'un actionneur.

Antonin a écrit un jeu avec sa carte micro:bit. Le jeu consiste à trouver le chiffre tiré au hasard (compris entre 1 et 9), en appuyant à plusieurs reprises sur le bouton A. Lorsque le nombre d'appui sur le bouton A correspond au chiffre tiré au hasard, le jeu affiche un émoticône « joyeux », dans le cas contraire « triste ».

La fonction « Image.HAPPY » affiche l'émoticône suivant sur l'afficheur de la carte :

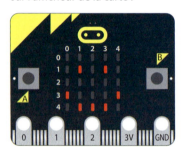

La fonction « Image.SAD » affiche l'émoticône suivant sur l'afficheur de la carte :

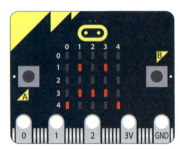

• **Je complète un programme**

```
1  from microbit import*
2  import random
3  while True:
4      chiffre = random.randint(1,9)
5      display.scroll("?")
6      sleep(5000)
7      if button_a.get_presses() == chiffre:
8          display.show(Image.HAPPY)
9          sleep(1000)
```

Coup de pouce Python

• La ligne 3 répète indéfiniment les instructions qui suivent.

• La ligne 4 affecte à la variable *chiffre* un nombre aléatoire compris entre 1 et 9.

• La ligne 5 affiche le caractère « ? ».

• La ligne 6 attend 5 secondes.

• La ligne 7 teste si le nombre d'appui sur le bouton A correspond au chiffre tiré au hasard.

👍 **Besoin d'aide pour écrire une boucle non bornée ? Revois la Méthode, p. 179**

1. À quoi sert l'instruction *while True* ?

2. En vous aidant du tableau des instructions Python de la carte micro:bit (exercice 5), recopier et compléter le programme pour qu'il affiche l'émoticône « triste ».

❾ Le seuil de température
CAPACITÉ : Écrire des programmes simples d'acquisition de données ou de commande d'un actionneur.

La carte micro:bit n'a pas de capteur de température dédié. La température fournie est la température du microprocesseur principal. Comme il chauffe peu en fonctionnement, sa température est une bonne approximation de la température ambiante. L'instruction *temperature()* envoie la valeur du capteur de température en degré Celsius (°C).
Célestine veut contrôler la température des différentes pièces de sa maison à l'aide de la carte programmable micro:bit. Elle a écrit le programme suivant :

• **Je complète un programme**

```
1  from microbit import*
2  seuil_temperature = 20
3  capteur = temperature()
4  if capteur<= seuil_temperature:
5      display.show("<=20")
6      sleep(2000)
7  else:
```

Coup de pouce Python

• La ligne 2 affecte la valeur 20 à la variable *seuil_temperature*.

• La ligne 3 affecte la valeur fournie par le capteur de température à la variable *capteur*.

• La ligne 6 attend 2 secondes.

Besoin d'aide pour écrire une instruction conditionnelle ? Revois la Méthode, p. 177

1. À quelle condition la carte programmable affiche-t-elle <= 20 ?

2. Recopier et compléter le programme pour qu'elle affiche > 20.

❿ La guirlande lumineuse
CAPACITÉ : Écrire des programmes simples d'acquisition de données ou de commande d'un actionneur.

Myriam souhaite allumer successivement les 25 DEL de la zone d'affichage de la carte micro:bit.

1. Comment sont repérées chacune des 25 DEL de la carte micro:bit ?

2. Recopier et compléter les deux boucles (ligne 4 et 5) pour que le programme allume successivement les 25 DEL de la zone d'affichage de la carte micro:bit.

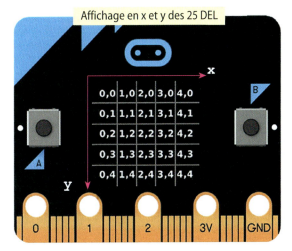

Affichage en x et y des 25 DEL

• **Je complète un programme**

```
1  from microbit import*
2  while True:
3    if button_a.is_pressed():
4      for.................:
5        for..............:
6          display.set_pixel(x,y,9)
7          sleep(500)
8          display.set_pixel(x,y,0)
```

Coup de pouce Python

• La ligne 2 répète indéfiniment les instructions qui suivent.

• La ligne 3 teste l'appui sur le bouton a.

• La ligne 6 allume la DEL.

• La ligne 7 attend une demi-seconde.

• La ligne 8 éteint la DEL.

Besoin d'aide pour écrire une boucle bornée ? Revois la Méthode, p. 179

L'informatique embarquée ▪ **167**

#LE NUMÉRIQUE ET VOUS

DÉBATS — L'assistance vocale

CAPACITÉ TRANSVERSALE :
Développer une argumentation dans le cadre d'un débat

LE DÉBAT
Les enceintes connectées constituent-elles un danger pour le respect de la vie privée ?

L'assistance vocale sert d'interface entre l'homme et la machine. Ce mode d'interaction est perçu comme étant plus pratique en particulier lorsque l'on est déjà en train de réaliser une autre tâche. Cependant des interrogations demeurent, notamment concernant le respect de la vie privée : les cas d'enceintes connectées ayant enregistré leurs propriétaires à leur insu se multiplient.

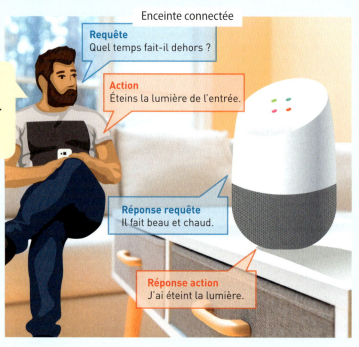

Enceinte connectée
Requête Quel temps fait-il dehors ?
Action Éteins la lumière de l'entrée.
Réponse requête Il fait beau et chaud.
Réponse action J'ai éteint la lumière.

ACTIVITÉS

1. Est-il possible de couper le micro d'une enceinte connectée ? Est-il possible d'effacer ses requêtes ou actions ?
2. Une enceinte connectée peut-elle nous espionner ?

MINI-PROJET — Des robots et des hommes

CAPACITÉS TRANSVERSALES :
Rechercher de l'information, apprendre à utiliser des sources de qualité, coopérer au sein d'une équipe

Dans la saga de films *Terminator*, les machines prennent le dessus sur les hommes. Elle relate la menace que pourraient faire naître des robots contrôlés par une intelligence artificielle appelée « Skynet ».

ACTIVITÉS

Réaliser par groupe de deux ou trois un document (affiche, diaporama, page Web, vidéo) sur un des thèmes suivants :

1. Un robot peut-il être plus intelligent qu'un homme ?
2. Un robot peut-il devenir autonome ?

Terminator T-800

168 ■ L'informatique embarquée

EXPOSÉ — L'impact de la robotisation

CAPACITÉS TRANSVERSALES : Rechercher de l'information, apprendre à utiliser des sources de qualité, coopérer au sein d'une équipe

Dans cet entrepôt de 25 000 m² (trois stades de foot), un millier de « paniers » munis de nombreux capteurs circulent sur une structure métallique abritant 250 000 casiers dans lesquels ils saisissent des produits alimentaires. En fin de semaine, ces « paniers » connectés et autonomes, programmés à l'aide d'un logiciel issu du contrôle aérien, auront assurés un rendement de 65 000 commandes.

Chaque panier met moins de cinq minutes pour sélectionner 50 articles.

ACTIVITÉS

Réaliser par groupe de deux ou trois un exposé sur un des thèmes suivants :

1. L'impact de la robotisation sur l'économie.
2. L'impact de la robotisation sur l'emploi.
3. La robotisation améliore-telle la condition humaine ?

VIDÉO — Comment fonctionne un entrepôt automatisé ?
lienmini.fr/3389-707

MÉTIER — Domoticien/domoticienne

CAPACITÉS TRANSVERSALES : Rechercher de l'information, apprendre à utiliser des sources de qualité

Le domoticien installe des systèmes pour rendre les habitations intelligentes, mais également écologiques et confortables. Après avoir identifié les besoins du client, ce professionnel étudie et propose des solutions afin de contrôler de façon automatique et à distance, l'éclairage, le chauffage, la sécurité, les volets, les appareils ménagers…

Concevoir une maison intelligente

ACTIVITÉS

1. Dans quels secteurs d'activités trouve-t-on des domoticiens ?
2. Quels sont les avantages et les inconvénients de ce métier ?
3. Quelles études faut-il faire pour devenir domoticien ?

VIDÉO — Découvrons le métier de domoticien
lienmini.fr/3389-708

L'informatique embarquée

Un cours d'apprentissage de la programmation

Programmer avec Python

Capacité attendue*

▶ Écrire et développer des programmes pour répondre à des problèmes et modéliser des phénomènes physiques, économiques et sociaux.

MÉTHODES
- Écrire un programme .... p. 175
- Écrire des instructions conditionnelles .... p. 177
- Écrire une boucle non bornée .... p. 179
- Écrire une fonction .... p. 181

* Bulletin officiel spécial, n° 1, 22 janvier 2019.

POUR TESTER SES CONNAISSANCES

→ Vérifier vos réponses p. 188

Pour chacune des questions, choisissez la bonne réponse à l'aide de vos connaissances.

1 Les variables

1 Une variable sert à :
a. tester une condition.
b. résoudre un problème.
c. stocker une valeur.

2 L'affectation d'une variable revient à :
a. renommer une variable.
b. donner une valeur à une variable.
c. simplifier un résultat.

3 Une variable peut contenir :
a. uniquement un nombre.
b. uniquement un texte.
c. un nombre ou un texte.

• RÉVISIONS COLLÈGE •

Une variable est désignée par son nom et stocke une donnée (un nombre, un texte).

L'affectation consiste à attribuer une valeur à une variable.

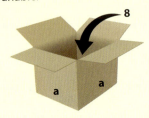

Chaque bloc d'un programme correspond à une instruction, c'est-à-dire une étape. Les instructions sont réalisées dans l'ordre.

2 Les instructions conditionnelles

1 L'instruction conditionnelle « si alors » permet :
a. d'affecter une valeur à une variable.
b. de tester une condition.
c. de répéter plusieurs fois la même instruction.

2 La condition x=2 ou x>2 sur la variable x :
a. n'est jamais vraie.
b. est vraie pour plusieurs valeurs de x.
c. est vraie pour une seule valeur de x.

3 La partie « sinon » de « si alors sinon » s'exécute :
a. quand la condition n'est pas vérifiée.
b. quand la condition est vérifiée.
c. toujours.

• RÉVISIONS COLLÈGE •

L'instruction conditionnelle « si alors » vérifie une condition. Cette dernière comprend en général un opérateur de comparaison (<, =, >).

L'instruction conditionnelle « si alors sinon » effectue deux actions en fonction du résultat d'une condition :
– la partie « si alors » exécute un ou plusieurs blocs d'instructions si la condition est vérifiée ;
– la partie « sinon » exécute un ou plusieurs blocs d'instructions si la condition n'est pas vérifiée.

3 Les boucles

1 Une boucle facilite :
a. l'affectation d'une variable.
b. la répétition d'une séquence d'instructions.
c. la vérification d'une condition.

2 La boucle « répéter jusqu'à » répète un traitement :
a. tant que la condition est vérifiée.
b. tant que la condition n'est pas vérifiée.
c. jusqu'à ce que la condition soit vérifiée.

3 Une boucle peut répéter un traitement :
a. indéfiniment.
b. 10 fois au maximum.
c. 100 fois au maximum.

RÉVISIONS COLLÈGE

Une boucle permet de répéter des instructions. La boucle « répéter jusqu'à » exécute une séquence d'instructions jusqu'à ce que la condition soit vérifiée. Lorsque la condition est vérifiée, le programme passe aux instructions suivantes. On dit qu'il « sort de la boucle ».

4 Les sous-programmes

1 Un sous-programme permet :
a. de réunir plusieurs variables.
b. d'appeler plusieurs fois la même séquence d'instructions.
c. d'activer un évènement.

2 Un paramètre d'un sous-programme :
a. donne une valeur à une variable.
b. calcule la valeur d'une nouvelle variable.
c. transmet la valeur d'une variable aux instructions d'un sous-programme.

3 Un sous-programme :
a. renvoie toujours un nombre en sortie.
b. se termine toujours par un affichage.
c. peut renvoyer une valeur en sortie ou non.

RÉVISIONS COLLÈGE

Un sous-programme comprend un bloc d'instructions extraites d'un programme. Il facilite l'écriture d'un programme en le rendant moins long et plus lisible.

On peut associer à un sous-programme un ou des paramètres. Ils permettent de transmettre une valeur ou plusieurs valeurs au sous-programme.

Programmer avec Python ■ **173**

Voir **DICO SNT** p. 185

1 • Le programme

Communiquer avec un ordinateur demande un langage particulier : un langage de programmation (Scratch, Python, etc.). Il utilise un ensemble de mots et de règles appelés « instructions » et « syntaxe » et forme des programmes informatiques.

Un **programme** est un ensemble d'opérations destinées à être effectuées par l'ordinateur. Une **instruction** correspond à une action.

Exemple : **print** est une instruction qui permet d'afficher un message, ici « Bonjour tout le monde ».

```
1  print("Bonjour tout le monde")
```

2 • Les variables

Pour écrire un programme, il faut enregistrer les données nécessaires au traitement dans des espaces mémoires. Les variables désignent des emplacements de stockage. Dans un programme, elles sont repérées par des noms et prennent des valeurs qui peuvent évoluer au cours du temps.

Une **variable** stocke une valeur dans un espace de la mémoire de l'ordinateur. Elle est désignée par un nom.

Des valeurs sont affectées aux variables pendant l'exécution du programme. En Python, on affecte une valeur à une variable à l'aide du signe « = ».
Une variable peut contenir des valeurs de différents types comme :
– des nombres entiers (**int**) ;
– des nombres décimaux, appelés aussi « flottants » (**float**) ;
– des textes, appelés « chaînes de caractères » (**str**).

Exemple : Différents types de variables

```
1  entier1=2
2  flottant=3.147
3  texte="salut"
4  entier2=int(2.13)
```

3 • Les instructions élémentaires

A Les opérations sur les variables

À chaque variable est associé un ensemble d'opérations qui dépendent de son type (opérations mathématiques sur les nombres, longueur des chaînes de caractères, etc.).

Un **opérateur** permet d'effectuer des opérations ou d'agir sur les variables.

Remarque : Les opérations sur les variables respectent les règles de priorité mathématiques.

Exemple : Quelques opérateurs en Python

```
1  a=4
2  b=2
3  c="Bonjour"
4  somme=a+b
5  produit=a*b
6  cube=a**3
7  division=a/b
8  longueur=len(c)
```

B Les instructions d'entrée et de sortie

Une instruction d'entrée permet à un programme de lire des valeurs saisies au clavier par l'utilisateur. Une instruction de sortie affiche les valeurs de variables à l'écran.

En Python, l'instruction d'entrée « **input** » permet d'affecter la valeur saisie dans une variable. L'instruction de sortie « **print** » permet d'afficher à l'écran la valeur des variables.

L'instruction « **input** » permet d'obtenir des chaînes de caractères. Si on veut saisir un entier, il faut alors utiliser en plus l'instruction « **int** ».

Exemple : Instruction permettant la saisie d'un entier

```
1  nombre=int(input("nombre?"))
```

174 ■ Programmer avec Python

MÉTHODE

Apprendre à... écrire un programme

Énoncé

Pour passer d'un pixel couleur codé en RVB (mélange des trois couleurs rouge, vert, bleu) à un pixel en une nuance de gris, on utilise la formule suivante :

$$G = 0{,}11 \times R + 0{,}83 \times V + 0{,}06 \times B$$

Écrire le programme qui permet de passer les valeurs RVB d'un pixel en niveau de gris.

→ VOIR ACTIVITÉ 3, P. 108

Solutions

1 Les informations à saisir sont les valeurs de rouge, de vert et de bleu. Il faut donc créer trois variables nommées par exemple *R*, *V* et *B*. L'information à calculer est le niveau de gris que l'on pourra stocker dans une variable appelée *G*. Les quatre variables sont du type « entier ».

2 Le traitement à réaliser est le calcul du niveau de gris du pixel :
$$G = 0{,}11 \times R + 0{,}83 \times V + 0{,}06 \times B$$

3 La variable à afficher est celle correspondant au niveau de gris *G*.

4 Le programme à écrire est alors le suivant :

```
1  R=int(input("Rouge="))
2  V=int(input("Vert="))
3  B=int(input("Bleu="))
4  G=int(0.11*R+0.83*V+0.06*B)
5  print("G=",G)
```

MÉTHODE

Pour écrire un programme :

1 **Déterminer** les informations à saisir ou à calculer. Nommer les variables correspondantes et déterminer leur type.

2 **Exprimer** le ou les traitements à réaliser.

3 **Déterminer** la ou les variables à afficher.

4 **Écrire** le programme en respectant la syntaxe Python.

TUTO
Je comprends la méthode
lienmini.fr/3389-802

Appliquer

❶ Les réseaux sociaux

Un réseau social gagne chaque mois 50 euros par abonné et dépense 1500 euros. On veut calculer le revenu annuel du réseau social en fonction du nombre d'abonnés.

1. Déterminer la ou les variables à saisir, le traitement et l'affichage à réaliser.
2. Écrire le programme correspondant en Python.

❷ La localisation

Un centimètre sur une carte représente 2 kilomètres dans la réalité. On souhaite traduire la longueur mesurée sur la carte en longueur réelle.

1. Déterminer la ou les variables à saisir, le traitement et l'affichage à réaliser.
2. Écrire le programme correspondant en Python.

→ EXERCICES 12 À 17 P. 182

Programmer avec Python

Voir **DICO SNT** p. 185

Syntaxe Python

• Une condition doit être suivie par deux points.

• Les instructions à exécuter si la condition est réalisée sont **indentées**, c'est-à-dire décalées vers la droite.

4 • Les conditions

Un programme doit souvent prendre en compte différents cas et s'adapter à des situations. Il est alors nécessaire d'écrire des conditions.

Une **condition** est une expression logique dont le résultat est soit « vrai » soit « faux ».

Une condition est construite à l'aide d'opérateurs de comparaison :
– l'opérateur « égal » noté == ;
– l'opérateur « différent de » noté != ou <> ;
– les opérateurs « inférieur à » ou « supérieur à » notés < et > ;
– les opérateurs « inférieur ou égal à » ou « supérieur ou égal à » notés <= et >=.

Lorsque la situation à tester est plus compliquée, il est possible de combiner plusieurs conditions grâce aux opérateurs logiques :
– « **and** » qui signifie « et » ;
– « **or** » qui signifie « ou » ;
– « **not** » qui signifie « non ».

Exemple : Condition qui vérifie qu'une distance est inférieure à 40 m et qu'un accès wifi est autorisé.

```
1  distance<40 and acces=="autorisé"
```

5 • Les instructions conditionnelles

A La structure conditionnelle « if »

Suivant la valeur d'une condition (vraie ou fausse), le programme choisit les actions à réaliser. On parle de **structures conditionnelles**.

La structure conditionnelle « **if** » permet d'exécuter un bloc d'instructions lorsqu'une condition est vérifiée.

Exemple : Programme qui affiche l'autorisation d'accès d'un membre à un groupe privé.

```
1  if membre=="oui":
2      print("Accès autorisé")
```

B La structure conditionnelle « if … else »

La structure conditionnelle « **if … else** » permet d'exécuter un bloc d'instructions lorsqu'une condition est vérifiée et un autre bloc lorsqu'elle ne l'est pas.

Exemple : Programme qui affiche l'autorisation ou l'interdiction d'accès d'un membre à un groupe privé.

```
1  if membre=="oui":
2      print("Accès autorisé")
3  else:
4      print("Accès refusé")
```

C La structure conditionnelle « if … elif … else »

La structure conditionnelle « **if … elif … else** » permet de gérer plusieurs conditions. Si une condition n'est pas validée, la suivante est étudiée. En Python, « **elif** » est la contraction de *else if* qui signifie « sinon si ».

Exemple : Programme qui affiche les préférences de confidentialité d'un groupe.

```
1  if statut=="secret":
2      print("seuls les membres voient le groupe et les publications")
3  elif statut=="Fermé":
4      print("Tout le monde voit le groupe mais pas les publications")
5  else:
6      print("Tout le monde voit le groupe et les publications")
```

MÉTHODE

Apprendre à... écrire des instructions conditionnelles

Énoncé

La loi interdit à un jeune de moins de 13 ans de s'inscrire sur les réseaux sociaux. Entre 13 et 15 ans, l'inscription nécessite l'autorisation d'un responsable légal. Au-delà de 15 ans, l'inscription est autorisée sans condition.
Écrire un programme qui affiche les modalités d'inscription en fonction de l'âge de l'utilisateur.

→ VOIR ACTIVITÉ 2, P. 130

MÉTHODE

Pour écrire une instruction conditionnelle :

1. **Déterminer** le nombre de conditions.
2. **Écrire** les conditions.
3. **Choisir** la structure conditionnelle à mettre en place.
4. **Écrire** le programme en respectant la syntaxe Python.

Solutions

1. Ici il y a trois cas suivant l'âge du jeune.
2. Les conditions sont : « 13 < age < 15 », « age < 13 », « age >= 15 ».
3. On utilise la structure conditionnelle : « if … elif … else ».
4. Le programme à écrire est alors le suivant :

```
1  if age<13:
2      print("Inscription interdite")
3  elif age<15:
4      print("Autorisation nécessaire")
5  else:
6      print("Inscription libre")
```

TUTO
Je comprends la méthode
lienmini.fr/3389-803

Appliquer

❸ La localisation

Afin de régler le partage de position d'un téléphone, on utilise une variable GPS (*actif* ou *inactif*) et une variable appli (*autorise* ou *interdite*). On souhaite afficher si la localisation est possible (GPS actif) et si l'application est autorisée à partager la localisation.

1. Déterminer le nombre de conditions et les écrire.
2. Écrire le programme correspondant en Python.

❹ La photographie numérique

Afin de repérer la couleur dominante parmi les valeurs de rouge (R), de vert (V) et de bleu (B) d'une couleur, on souhaite afficher quelle est la plus grande valeur parmi les trois.

1. Déterminer le nombre de conditions et les écrire.
2. Écrire le programme correspondant en Python.

→ EXERCICES 18 À 26 P. 183

COURS

Voir **DICO SNT** p. 185

Syntaxe Python

• « for » et « while » doivent être suivis par deux points.

• Les instructions à répéter sont **indentées**, c'est-à-dire décalées vers la droite.

Exemple : Compte à rebours du déclencheur d'un appareil photo, la boucle s'effectuera 5 fois et l'indice *i* prend les valeurs entières de 0 à 4.

```
1   for i in range(5):
2       print(5-i)
```

Exemple : On cherche à afficher une ligne sur deux d'un tableau de la 10e ligne à la 19e ligne. Voici le programme qui donne les numéros de lignes à afficher.

```
1   for i in range(10,20,2):
2       print(i)
```

Exemple : Programme qui demande à l'utilisateur s'il veut partager sa localisation tant qu'il répond « non ».

```
1   reponse="non"
2   while reponse=="non":
3       reponse=input("Voulez-
        vous partager votre
        localisation ?")
```

Exemple : Programme qui ne se termine jamais, il affiche « Bonjour » éternellement.

```
1   a=1
2   while a==1:
3       print("Bonjour")
```

Exemple : Programme qui affiche les tables de multiplication de 7, 8 et 9. La première boucle fait varier *i* de 7 à 9 et pour chaque valeur de *i*, la variable *j* varie de 1 à 10 dans la deuxième boucle.

```
1   for i in range(7,10):
2       print ("table de ",i)
3       for j in range(1,11):
4           print(i*j)
```

6 • Les boucles

A Les boucles bornées

Une boucle permet de répéter une ou plusieurs instructions.

Lorsque l'on connaît le nombre de répétitions, on utilise une **boucle bornée**.

L'instruction Python correspondant à une boucle bornée est « **for** *indice* **in range**() » :

– « **in range**() » permet d'énumérer le nombre de passages dans la boucle bornée ;

– l'**indice** *i* de la boucle prend les valeurs entières de 0 à *n* – 1, donc *n* valeurs. Il est possible de préciser la première et la dernière valeur de l'indice dans la boucle en définissant des **bornes**. Lorsque l'indice ne doit pas varier de 1 en 1, on peut également modifier le nombre de **pas** qui sépare un indice du suivant.

B Les boucles non bornées

Lorsque le nombre de répétitions n'est pas connu à l'avance, on utilise une **boucle non bornée**. Elle permet de répéter un bloc d'instructions tant qu'une condition est vérifiée.

La structure correspondant à une boucle non bornée est « **while** *condition* : ».

Si la condition est toujours réalisée, la boucle se répétera indéfiniment. Il est donc important de vérifier que la condition cesse d'être vraie à terme afin que la boucle se termine.

Le nombre de passages dans une boucle non bornée étant inconnu au départ, il peut être nécessaire de créer une variable comptant le nombre de tours. Elle peut indiquer à partir de quand une condition n'est plus vérifiée.

Une variable servant de **compteur** permet de compter le nombre de passages dans la boucle dans une boucle non bornée.

Exemple : Programme qui donne le nombre d'années pour que la consommation d'Internet atteigne 6000 TWh/an. Celle-ci est multipliée par 1,2 tous les ans. La variable « années » sert de compteur.

```
1   consommation=1500
2   annees=0
3   while consommation<6000:
4       consommation=consommation*1.2
5       annees=annees+1
6   print(annees)
```

Coup de pouce Python

• Pour ajouter un compteur dans une boucle « while », il faut ajouter 1 à une variable à chaque tour de boucle.

C Les boucles imbriquées

Il est possible d'imbriquer des boucles. À chaque passage dans la première boucle, la deuxième boucle est effectuée entièrement.

MÉTHODE

Apprendre à... écrire une boucle non bornée

Énoncé

Une application de course à pieds sur smartphone propose à l'utilisateur de rentrer les distances parcourues chaque jour. Lorsque l'utilisateur a atteint son objectif fixé à 45 km, le décompte s'arrête.

Écrire un programme qui calcule la somme des distances parcourues tant que l'utilisateur n'a pas atteint l'objectif, puis afficher le message « Félicitations ».

→ voir Activité 3, p. 156

Solutions

1 Le nombre de répétitions est inconnu, on choisit donc une boucle « while ».

2 La condition est « *total* < 45 » où *total* est la variable contenant la distance totale parcourue.

3 Les instructions à répéter sont :
– saisir la distance parcourue ;
– ajouter la valeur saisie à la variable « *total* ».

4 Le programme à écrire est alors le suivant :

```
1   total=0
2   while total<45:
3       distance=int(input("Entrez la distance"))
4       total=total+distance
5   print("Félicitations")
```

MÉTHODE

Pour programmer une boucle non bornée :

1 **Déterminer** si le nombre de répétitions est connu et choisir le type de boucle adapté.

2 **Écrire** la condition à l'aide d'opérateurs de comparaison et/ou d'opérateurs logiques.

3 **Déterminer** les instructions à répéter.

4 **Écrire** le programme en respectant la syntaxe Python.

TUTO

Je comprends la méthode

lienmini.fr/3389-804

Appliquer

5 Les réseaux sociaux

Le nombre d'inscrits sur un nouveau réseau social est de 400 000 en janvier. Il est multiplié par 1,1 tous les mois. On souhaite écrire un programme estimant au bout de combien de mois il y aura plus d'1 million d'inscrits.

1. Déterminer le type de boucle nécessaire ainsi que l'instruction à répéter.
2. Écrire le programme correspondant en Python.

6 La photographie numérique

On souhaite écrire un programme qui affiche le poids, en octets, des photos ayant entre 1 million et 10 millions de pixels (on augmentera d'1 million à chaque fois). Un pixel a ici un poids de 3 octets.

1. Déterminer le type de boucle nécessaire ainsi que l'instruction à répéter.
2. Écrire le programme correspondant en Python.

→ Exercices 27 à 34 p. 183

COURS

Voir DICO SNT p. 185

Syntaxe Python

• L'indentation permet de séparer les instructions appartenant à la fonction du reste du programme.

Exemple : Fonction nommée bonjour qui permet d'afficher « Bonjour ! ».

```
1  def bonjour():
2      print("Bonjour !")
```

Exemple : Fonction nommée bonjour ayant un paramètre nommé « prenom ».

```
1  def bonjour(prenom):
2      print("Bonjour",prenom)
```

Exemple : Fonction nommée produit qui renvoie le produit de deux nombres.

```
1  def produit(a,b):
2      return(a*b)
```

7 • Les fonctions

A La définition d'une fonction

Il est parfois utile d'isoler une partie d'un programme pour pouvoir l'utiliser à n'importe quel moment et autant de fois que souhaité. Il s'agit de sous-programmes appelés « **fonctions** ». Ces fonctions facilitent l'écriture d'un programme en le rendant moins long et plus lisible.

Une **fonction** est un ensemble d'instructions réutilisables. L'instruction Python « **def** » suivi du nom de la fonction permet de la définir.

Une fonction peut prendre des valeurs en entrée, celles-ci sont utilisées dans des variables appelées « **paramètres** ». Pour exécuter la fonction, il est nécessaire de préciser les valeurs de ces variables. Lors de la définition d'une fonction, les paramètres se mettent entre parenthèses après son nom.

B Le résultat d'une fonction

Une fonction renvoie une valeur (nombre, texte, …) grâce à l'instruction « **return** ». Pour cela, il faut écrire le mot **return** suivi d'une variable de sortie.

Remarque : Il est possible de ne rien renvoyer en sortie. Par exemple, lorsque la fonction permet un simple affichage.

C L'appel d'une fonction

Dans le programme principal, on appelle une **fonction** en écrivant son nom suivi des valeurs des paramètres entre parenthèses.

Exemple : Écriture d'un programme utilisant deux appels à une même fonction nommée « tempsTrajet ».

```
1  def tempsTrajet(distance,vitesse):
2      return distance/vitesse
3
4  temps1=tempsTrajet(200,110)
5  print(temps1)
6  temps2=tempsTrajet(150,80)
7  print(temps2)
```

Coup de pouce Python

• Les lignes 1 et 2 créent la fonction tempsTrajet.
• La ligne 4 permet le calcul de la durée d'un trajet de 200 km à 110 km/h.
• La ligne 6 permet le calcul de la durée d'un trajet de 150 km à 80 km/h.

Une fonction peut être appelée à plusieurs reprises dans un programme, avec des valeurs de paramètres identiques ou non. L'ordre des paramètres doit être respecté dans l'appel de la fonction.

MÉTHODE

Apprendre à... écrire une fonction

Énoncé

Pour automatiser un changement d'échelle de carte, on veut réaliser une fonction qui calcule la longueur sur la carte après le changement d'échelle.

Si on note $e1$ l'échelle initiale et d la longueur initiale, la distance réelle est égale à $d/e1$. La longueur L est égale à $distanceRéelle \times e2$.
Écrire une fonction qui donne la longueur finale calculée à partir des échelles de départ et d'arrivée et de la longueur initiale.

→ VOIR ACTIVITÉ 5, P. 88

Solutions

1 Les paramètres sont d (la distance sur la carte initiale), $e1$ (l'échelle de départ) et $e2$ (l'échelle finale).

2 La variable de sortie est L, la longueur sur la carte remise à l'échelle $e2$.

3 La distance réelle est égale à $d/e1$. La longueur L est le produit de la distance réelle et de l'échelle $e2$.

4 Le programme à écrire est alors le suivant :

```
1  def changementDechelle(d,e1,e2):
2      distanceReelle=d/e1
3      L=distanceReelle*e2
4      return L
```

MÉTHODE

Pour écrire une fonction :

1 Déterminer les paramètres et leur associer une variable.

2 Déterminer la variable de sortie.

3 Écrire les formules.

4 Écrire la fonction en respectant la syntaxe Python.

Appliquer

7 Les données

L'abonnement à un service de stockage de données en ligne pour une entreprise coûte 200 euros d'ouverture de compte à l'inscription, puis 340 euros par mois. On veut calculer le prix total payé par l'entreprise en fonction du nombre de mois d'abonnement.

1. Déterminer les paramètres, la valeur de sortie et les instructions.
2. Écrire une fonction en Python calculant le prix total payé par l'entreprise.

8 La photographie numérique

On souhaite calculer la résolution R d'une photo en fonction de sa définition D et de ses dimensions l et L. On donne :

$$R = D / (l \times L)$$

1. Déterminer les paramètres, la valeur de sortie et les instructions.
2. Écrire la fonction en Python calculant la résolution.

→ EXERCICES 35 À 42 P. 184

Programmer avec Python ■ 181

EXERCICES

POUR VÉRIFIER SES ACQUIS

QCM

Je me teste en ligne

lienmini.fr/3389-805

9 Vrai ou faux ?

Identifier les propositions exactes.

a. Les règles de priorité mathématiques sont respectées dans un programme.

b. Une variable contient forcément un entier.

c. L'instruction « input » permet l'affichage d'un résultat.

d. Une condition ne peut avoir que deux valeurs : vrai ou faux.

e. Lorsque l'on connaît le nombre de répétitions, on utilise une boucle « while ».

f. Une fonction ne peut être réutilisée qu'une seule fois.

10 QCM

Pour chaque proposition, identifier la bonne réponse.

a. Lorsque l'on écrit $a = 12.45$, la variable a est de type :
- ☐ entier (int)
- ☐ chaîne de caractères (string)
- ☐ nombre décimal (float)

➔ *Vérifier vos réponses p. 188*

b. « sinon si » s'écrit en Python :
- ☐ elif
- ☐ elsif
- ☐ else if

c. Qu'affiche ce programme ?

```
1  for i in range(4):
2      print(2*i)
```

- ☐ 2 4 6 8
- ☐ 0 2 4 6 8
- ☐ 0 2 4 6

d. Pour définir une fonction, il faut utiliser l'instruction :
- ☐ def
- ☐ Def
- ☐ return

11 Qui suis-je ?

Recopier et compléter les phrases.

a. Une instruction qui permet d'exécuter un bloc d'instructions lorsqu'une condition est vérifiée est l'instruction … .

b. Les opérateurs *and* et *or* sont des … .

POUR S'ENTRAÎNER

Les variables et séquences d'instructions
➔ Aide COURS 1, p. 174

12 Quel est le type de chaque variable x, y, z et t ?
```
x=2.5
y="Bonjour"
z=7
t="18"
```

13 Qu'affiche le programme ?
```
x=3
x=5
x=2
print(x)
```

14 On donne le programme suivant :
```
x=int(input("Entrer x :"))
y=8*x
y=y+2
y=y**2
print("y=",y)
```

1. Quel est le type de la variable x dans le programme ?
2. Pour chacune des valeurs de x saisie en entrée, donner la valeur y affichée en sortie.
a. pour $x = 4$ **b.** pour $x = -1$ **c.** pour $x = 11$

15 Du collège au lycée
On considère le script Scratch ci-dessous.

```
mettre n1 ▼ à 5
mettre n2 ▼ à 0
ajouter à n1 ▼  n2
ajouter à n1 ▼  -1
ajouter à n2 ▼  n1
dire n2
```

1. Donner la valeur de la variable $n2$.
2. À partir du script Scratch, recopier et compléter le programme Python.
```
n1=5
n2=0

print(n2)
```

182 ∎ Programmer avec Python

16 Soit le programme :
```
ville=input("ville?")
codePostal=input("CodePostal?")
print("Le code postal de",ville)
```
1. Que fait ce programme ?

2. Que faut-il ajouter pour que le programme affiche : « le code postal de Lyon est 69000 » ?

17 **Trouver le bug**

Juliette a écrit le programme suivant pour écrire les multiples de 25 :
```
x=input("Donner la valeur de x")
y=25
print(x*y)
```
1. Quel est le type de la variable *x* dans ce programme ?

2. Trouver l'erreur.

3. Corriger le programme.

Les conditions et les instructions conditionnelles

→ Aide COURS 2, p. 176

18 Donner deux valeurs de *y* pour lesquelles cette condition est vraie.
```
(y<3 and y==2) or (y>5 and y!=6)
```

19 Écrire « A est égal à 5 ou à 6 et B est strictement inférieur à 4 » en langage Python.

20 Quel est le résultat de cette expression logique ?
```
6<8 and 2<1
```

21 Qu'affiche ce programme si *x* = 112, puis si *x*=0 ?
```
if x==112:
    print("C'est le bon code")
print("Au revoir")
```

22 **Du collège au lycée**

Traduire en Python l'instruction conditionnelle Scratch ci-dessous.

23 Écrire en Python la suite d'instruction qui affiche une alerte si la température (on utilisera la variable « temperature ») dépasse 40 °C.

24 Qu'affiche ce programme si *x* = 100, puis si *x* = 200 ?
```
if x<=150:
    print(x+10)
else:
    print(x-30)
```

25 On donne le programme suivant :
```
if x>100:
    print("x est grand")
if x>200:
    print("x est très grand")
else:
    print("x est petit")
```
1. Qu'affiche ce programme lorsque *x* = 150, puis *x* = 300 ?

2. On remplace la deuxième instruction « **if** » par l'instruction « **elif** ».

Qu'affiche le nouveau programme lorsque *x* = 150, puis *x* = 300 ?

26 **Trouver le bug**

On donne le programme suivant :
```
if note<10:
    print("Recommencez le test !")
elif note=10:
    print("Vous avez la moyenne")
else:
    print("Test réussi")
```
1. Corriger les erreurs de saisie du programme.

2. Indenter correctement chacune des instructions.

Les boucles

→ Aide COURS 3, p. 178

27 Qu'affiche ce programme ?
```
for i in range(10):
    print(i*i)
```

28 **Du collège au lycée**

Traduire en Python la boucle Scratch ci-dessous.

29 Déterminer le nombre de tours effectués par la boucle.
```
for i in range(5,20,2):
    print(i)
```

30 Compléter le programme Python comptant de 5 en 5 entre 20 et 100.
```
for i in range(…):
    print(i)
```

31 Combien de tours effectue cette boucle non bornée ?
```
x=0
while x<10:
    x=x+3
```

Programmer avec Python ■ **183**

EXERCICES

32 Du collège au lycée
Traduire en Python la boucle Scratch ci-dessous.

33 Recopier et compléter le programme Python qui affiche « voulez-vous continuer ? » tant que l'utilisateur répond « oui ».
```
rep="oui"
...
    rep=input("Voulez-vous continuer ?")
```

34 Recopier et compléter le programme qui affiche les heures et les minutes d'une journée de 0 h 00 à 24 h 00.

```
for i in …:
    for j in …:
        print(…,"h",…,"min")
```

Les fonctions
→ Aide COURS 4, p. 180

35 On considère la fonction produit ci-dessous :
```
def produit(a,b,c):
    d=a*b*c
    return d
```
1. Quels sont les paramètres de la fonction ?
2. Quel est la variable de sortie de la fonction ?
3. Que fait cette fonction ?

36 On considère le programme ci-dessous :
```
def prix(x,y):
    return 3*x+2*y

prixA=prix(3,5)
prixB=prix(4,6)
```
1. Que valent les variables « prixA » et « prixB » après exécution du programme ?
2. Proposer une modification des lignes 4 et 5 permettant d'avoir prixA = 12 et prixB = 9 après exécution du programme.

37 Du collège au lycée
Traduire en Python le programme Scratch ci-dessous.

38 Trouver le bug
Corriger les erreurs du programme suivant :
```
df produit:
    a=45
    b=15
    s=a*b
    print("Produit de 45 par 15=",a)
```

39 Qu'affiche ce programme ?
```
def difference(a,b):
    return b-a

print(difference(5,3))
print(difference(2,8))
```

40 Les paramètres de la fonction « age » ont été mélangés.
Remettre les paramètres dans l'ordre dans la fonction afin d'afficher « Lucas a 15 ans et Kayla a 16 ans » dans le programme suivant :
```
def age(x,y,z,t):
    print(y,"a",x,"ans et ",t,"a",z,"ans")

age("Lucas","Kayla",15,16)
```

41 Qu'affiche ce programme ?
```
def test(a,b):
    if -3<a-b:
        print("les nombres sont proches")

test(5,6)
test(7,6)
test(3,10)
```

42 Écrire une fonction de paramètres x et y entiers qui affiche quel est le nombre le plus petit, ainsi que le programme principal qui appelle cette fonction pour x = 4 et y = 3 et pour x = 8 et y = 10.

DICO des SNT

 1-9

4G : protocole de communication sans fil dédié à la téléphonie mobile. ▶ p. 46

A

Actionneur : composant agissant sur un système informatique embarqué en modifiant son comportement. ▶ p. 160

Algorithme : suite d'instructions permettant de résoudre un problème ou de définir le comportement d'un système. ▶ p. 91, 115

Algorithme de classement : algorithme permettant d'organiser une collection d'objets selon une relation d'ordre déterminée. ▶ p. 64

Arête : représentation des liens dans un graphe. ▶ p. 139

Arpanet : premier réseau d'ordinateurs, créé en 1969 pour relier des universités américaines, utilisant les concepts de protocole et de paquet pour communiquer des données. ▶ p. 36

Authentification : processus permettant à un système informatique de s'assurer de l'identité d'une demande d'accès. ▶ p. 138

B

Balise HTML : éléments du code HTML d'une page Web permettant de structurer les contenus. ▶ p. 62

Bit : unité informatique la plus simple, ne pouvant avoir que deux valeurs : 0 ou 1. ▶ p. 46

BitTorrent : protocole de communication en pair-à-pair. ▶ p. 47

Bluetooth : protocole de communication sans fil reliant par ondes radio un objet avec un smartphone ou une tablette. ▶ p. 160

Boucle : permet de répéter une ou plusieurs instructions. ▶ p. 161

Boucle bornée : boucle avec un nombre de répétitions connu. ▶ p. 178

Boucle non bornée : boucle avec un nombre de répétitions inconnu. Elle permet de répéter un bloc d'instructions tant qu'une condition est vérifiée. ▶ p. 178

BPP (bit par pixel) **:** unité de mesure de la profondeur de couleurs d'une image. ▶ p. 110

C

Capteur : composant envoyant une donnée que le programme du système informatique embarqué exploite. ▶ p. 160

Capteur photographique : dispositif transformant l'information lumineuse en information électrique. ▶ p. 114

Carte numérique : fichier numérique contenant toute l'information nécessaire au dessin ou à l'affichage automatique d'une carte. ▶ p. 90

Carte programmable : circuit électronique intégrant un microprocesseur qui effectue tous les traitements et qui stocke le code du programme. ▶ p. 160

Centre : sommet le plus proche de tous les autres dans un graphe. ▶ p. 139

Champ : partie d'une trame NMEA contenant une information particulière. ▶ p. 91

Ciblage : publicité personnalisée en fonction des données d'un utilisateur. ▶ p. 138

Client : programme envoyant une requête et, par extension, ordinateur sur lequel se trouve ce programme. ▶ p. 46, 68

Cloud (computing) **:** utilisation de ressources situées dans des serveurs informatiques distants. ▶ p. 25

Code RVB : système de codage des couleurs. ▶ p. 114

Compression : réduction du poids d'une image. ▶ p. 115

Compteur : variable servant à compter le nombre de passages dans la boucle dans une boucle non bornée. ▶ p. 178

Condition : expression logique dont le résultat est soit « vrai » soit « faux ». ▶ p. 176

Cône : cellule de l'œil sensible à la lumière rouge, verte ou bleue. ▶ p. 106

Connexion : lien entre appareils électroniques permettant la transmission d'informations. ▶ p. 157

Cookies : fichier texte déposé par un serveur sur votre ordinateur afin de conserver des données sur votre navigation. ▶ p. 67

Couche de données : ensemble d'informations repérées sur une carte pouvant être superposées les unes aux autres. ▶ p. 90

CSS (Cascading Style Sheets) **:** feuilles de style décrivant la présentation des documents HTML. ▶ p. 68

Cyberharcèlement : actes répétés de cyberviolence. ▶ p. 139

Cyberviolence : violences réalisées au moyen des nouvelles technologies. ▶ p. 139

D

Définition d'un capteur : nombre total de photosites. ▶ p. 114

Définition d'une image : nombre total de pixels. ▶ p. 114

Descripteur : élément servant à décrire une donnée. ▶ p. 24

Diamètre : plus grande distance entre deux sommets quelconques d'un graphe. ▶ p. 139

Distance : nombre minimum d'arêtes entre deux sommets d'un graphe. ▶ p. 139

DNS (Domain Name System) **:** annuaire faisant la correspondance entre adresses symbolique et IP. ▶ p. 47

DICO des SNT ■ **185**

Domaine : ensemble d'adresses IP gérées en commun. ▶ p. 42

Donnée : élément se rapportant à un objet, une personne ou un élément. ▶ p. 24

Données personnelles : informations identifiant une personne. ▶ p. 24

En-tête : ensemble de bits ajoutés à des paquets de données. ▶ p. 47

E-réputation : image d'une personne sur Internet. ▶ p. 138

EXIF : format d'un fichier de métadonnées. ▶ p. 115

Extension : identification d'un format. ▶ p. 115

Focus peaking **:** fonction d'aide à la mise au point. ▶ p. 113

Fonction : ensemble d'instructions réutilisables. ▶ p. 161

Format : type d'un fichier numérique. ▶ p. 24, 115

Galileo : système de positionnement par satellites européens. ▶ p. 90

Géolocalisation : procédé déterminant la position d'un élément par le calcul de ses coordonnées. ▶ p. 90

Géoportail : portail national de la connaissance du territoire (IGN). ▶ p. 90

Glonass : système de positionnement par satellites d'origine soviétique. ▶ p. 80

GPS (*Global Positioning System*) **:** système de positionnement par satellites américain. ▶ p. 90

Graphe : ensemble de sommets reliés par des arêtes (ou liens). ▶ p. 139

Groupe de discussions : groupe de personnes qui parlent d'un sujet commun. ▶ p. 128

Hashtag **:** mot-clé précédé du symbole # permettant de retrouver toutes les informations qui le contienne. ▶ p. 129

HTML (*HyperText Markup Language*) **:** langage de balisage utilisé pour la création de pages Web et permettant de créer des liens hypertextes. ▶ p. 68

HTTP ou HTTPS (*HyperText Transfer Protocol Secured*) **:** protocole de transmission permettant à l'utilisateur d'accéder à des pages Web par l'intermédiaire d'un navigateur. Le HTTPS est sécurisé. ▶ p. 68-69

Identifiant : code permettant d'identifier une personne. ▶ p. 16

Identification : action de s'identifier sur un système informatique. ▶ p. 138

IHM (interface homme-machine) **:** dispositif (écran, boîtier, manette, assistance vocale…) faisant le lien entre l'utilisateur et la machine. ▶ p. 161

Identité numérique : ensemble des données concernant un utilisateur sur Internet. ▶ p. 138

Indentation : décalage vers la droite. ▶ p. 180

Instruction : action à réaliser par le programme. ▶ p. 174

Instruction conditionnelle : procédure de vérification. ▶ p. 161

Internet : réseau de réseaux international de machines interconnectées. ▶ p. 46

Internet des objets : ensemble des objets pouvant se connecter à Internet pour échanger des informations, communiquer entre eux ou interagir avec leurs utilisateurs. ▶ p. 153

IP (*Internet Protocol*) **: 1.** protocole assurant l'envoi des paquets aux bonnes adresses. **2.** adresse d'une machine sur le réseau Internet. ▶ p. 47

Lien hypertexte : élément d'une page Web (texte, image, etc.) qui, lorsque l'on clique dessus, renvoie vers une autre page Web ou une autre zone de la même page. ▶ p. 68

Métadonnées : informations relatives à un fichier image, son, vidéo, etc. ▶ p. 24, 115

Microblogage : publication de messages courts. ▶ p. 129

Microprocesseur : circuit électronique miniaturisé contenant de nombreux transistors et réalisant des calculs. ▶ p. 160

Moteur de recherche : application informatique permettant de rechercher une ressource (page Web, image, vidéo, fichier, etc.) à partir d'une requête sous forme de mots. ▶ p. 69

Navigateur : logiciel permettant de lire des pages Web (Chrome, Firefox, Edge, Safari, etc.). ▶ p. 69

Niveaux de gris : luminosité d'un pixel (du noir au blanc). ▶ p. 108

Objet : élément d'une table de données. ▶ p. 24

Objet connecté : objet pouvant envoyer ou recevoir des données. ▶ p. 160

Octet : 8 bits. ▶ p. 38

OpenStreetMap : projet collaboratif de cartographie ayant pour but de constituer une base de données géographique libre de la planète. ▶ p. 90

Opérateur : permet d'effectuer des opérations ou d'agir sur les variables. ▶ p. 174

Pair-à-pair : protocole de communication entre des machines en réseau qui sont à la fois client et serveur. ▶ p. 47

Paquet : unité de données d'au maximum 1 500 octets. ▶ p. 46

Paramètre : valeur en entrée utilisée dans des variables pour exécuter la fonction. ▶ p. 180

Photosite : élément d'un capteur qui mesure l'intensité lumineuse. ▶ p. 114

Pixel : unité de base composant une image numérique. ▶ p. 114

Poids d'une image : mémoire nécessaire à son enregistrement. ▶ p. 110

Processeur : circuit électronique contenant de nombreux transistors et réalisant des calculs. ▶ p. 152

Profondeur de couleur : mémoire utilisée pour stocker la couleur d'une image. ▶ p. 115

Programme : ensemble d'opérations destinées à être effectuées par l'ordinateur. ▶ p. 174

Protocole : ensemble de règles permettant à différents périphériques informatiques de dialoguer entre eux. ▶ p. 46

Rayon : distance d'un centre du graphe au plus éloigné des autres sommets. ▶ p. 139

Référencement naturel : ensemble des techniques permettant de positionner favorablement un site dans les premiers résultats des moteurs de recherche. ▶ p. 69

Requête : demande d'information d'un client à un serveur. ▶ p. 25, 46

Réseau informatique : ensemble de machines connectées entre elles. ▶ p. 46

Réseau social : service permettant de relier des individus en ligne. ▶ p. 138

Résolution d'une image : nombre de pixels par unité de longueur (pixels par pouce ou ppp). ▶ p. 114

Routage : action de choisir une route pour transmettre les informations à travers un réseau. ▶ p. 40

Routeur : machine transmettant les données sur Internet pour qu'elles atteignent leur destination. ▶ p. 46

RVB (rouge, vert, bleu) **:** couleurs primaires de l'informatique utilisées pour reconstituer d'autres couleurs. ▶ p. 114

Saturation : intensité de la couleur. ▶ p. 113

Serveur : programme répondant à une requête et, par extension, ordinateur sur lequel se trouve ce programme. ▶ p. 46, 68

Sommet : extrémité d'une arête dans un graphe. ▶ p. 139

SQL (*Structured Query Language*) **:** langage informatique permettant d'exploiter des données structurées en écrivant des requêtes. ▶ p. 21

Stabilisateur d'image : dispositif permettant de corriger les vibrations de l'appareil photo. ▶ p. 112

Structure algorithmique : variables, instructions conditionnelles, boucles, fonctions. ▶ p. 156

Structure conditionnelle : suivant la valeur d'une condition (vraie ou fausse), le programme choisit les actions à réaliser. ▶ p. 176

Synchronisation : copie des données stockées en local sur un serveur. ▶ p. 25

Système informatique embarqué : ensemble de composants programmables intégrés à un objet. ▶ p. 160

Table de données : données organisées en tableau. ▶ p. 24

Tchat : système permettant à plusieurs personnes de discuter virtuellement. ▶ p. 128

TCP (*Transmission Control Protocol*) **:** protocole assurant le transport et l'intégrité des paquets. ▶ p. 47

Téléversement : procédure de transfert d'un programme vers une carte programmable ou un objet connecté. ▶ p. 161

Traitement de données : ensemble d'actions permettant d'extraire de l'information. ▶ p. 25

Trame NMEA : message composé de 82 caractères maximum contenant des informations de géolocalisation. ▶ p. 91

Transistor : composant électronique présent dans tous les équipements informatiques. ▶ p. 152

Trilatération : méthode mathématique de calcul de la position d'un objet d'après la mesure de ses distances par rapport à trois points connus. ▶ p. 90

URL (*Uniform Resource Locator*) **:** adresse d'une page d'un site. ▶ p. 68

USB (*Universal Serial Bus*) **:** norme permettant de connecter des périphériques informatiques, notamment de stockage. ▶ p. 161

Variable : stocke une valeur dans un espace de la mémoire de l'ordinateur. Elle est désignée par un nom. ▶ p. 161, 174

Web (*World Wide Web*) **:** système hypertexte utilisant le protocole HTTP, permettant de visiter des pages sur le réseau Internet. ▶ p. 58

Wifi : protocole de communication sans fil. ▶ p. 46, 160

Corrigés

 THÈME 1 — Les données structurées

Pour tester ses connaissances p. 12

❶ Fichiers
1. c Un fichier peut contenir, une image, des sons, du texte, etc.
2. b Les fichiers de musique peuvent être stockés au format mp3.
3. b La capacité d'un smartphone actuel pour stocker des fichiers se mesure en gigaoctet.

❷ Données personnelles
1. a L'adresse d'une personne est une donnée personnelle.
2. a Pour protéger sa vie privée sur un site, il faut régler les paramètres de sécurité.
3. c La CNIL contrôle le traitement des informations personnelles.

❸ Partage des données
1. b Un fichier partagé en ligne peut toujours être vu par le propriétaire et l'hébergeur.
2. b Les opérateurs téléphoniques conseillent de sauvegarder ses données en ligne.
3. c Les informations d'une carte Vitale sont présentes sur un réseau d'ordinateurs en ligne.

❹ Tableur
1. b Une case de tableur s'appelle une cellule.
2. a Une case d'un tableur s'identifie avec des chiffres et des lettres.
3. b Dans un tableur, on peut trier des nombres ou du texte.

Pour vérifier ses acquis p. 28

❶ Vrai ou faux ?
a. Faux (Même si on la partage, une donnée nous concernant reste personnelle.)
b. Faux (C'est un format de texte structuré.)
c. Faux (Les descripteurs caractérisent les données.)
d. Faux (Ce sont des points-virgules.)
e. Vrai
f. Vrai

❷ QCM
a. CSV est un format de données textuelles.
b. Le SQL est un langage de manipulation de données.
c. Dans le fichier fruits.csv, « Kiwis » est une valeur du descripteur « fruit ».
d. Le *cloud computing* est un moyen de stocker des données à distance.

❸ Qui suis-je ?
a. Les informations donnant des précisions sur les données principales d'un fichier sont les **métadonnées**.
b. Une phrase logique permettant une recherche d'information dans une base de données est une **requête**.
c. Pour automatiser le stockage des données sur le *cloud*, il faut paramétrer la **synchronisation** des fichiers sur son téléphone.

 **THÈME 2 — Internet**

Pour tester ses connaissances p. 34

❶ Réseau informatique
1. c Un réseau informatique sert à partager des données et des périphériques.
2. c Un réseau informatique local regroupe des ordinateurs reliés au sein d'un même espace restreint.
3. c Un réseau informatique étendu est un ensemble de réseaux de machines couvrant une grande zone géographique.

❷ Composants d'un réseau
1. b Un commutateur permet de relier plusieurs composants informatiques.
2. c Un routeur permet de relier un ordinateur à Internet.
3. b Une borne Wifi connecte des composants informatiques au réseau local sans fil.

❸ Échange entre machines
1. b Les données échangées entre deux ordinateurs au sein d'un réseau local sont codées sous la forme d'une suite de 0 et de 1, appelés « bit ».
2. a La transmission des informations sur un réseau peut se faire par ondes radio.
3. b Les règles qui régissent les échanges sur Internet s'appellent les protocoles.

❹ Internet, un réseau mondial
1. b Internet est un réseau informatique international.
2. c Un ordinateur est identifié sur le réseau Internet par une adresse comportant 4 nombres, l'adresse IP.
3. c L'acheminement des données sur le réseau Internet passe par l'utilisation de différents routeurs.

Pour vérifier ses acquis p. 50

❶ Vrai ou faux ?
a. Vrai
b. Faux (Il indique où sont joignables les machines sur le réseau.)
c. Vrai
d. Faux (Il est indépendant du moyen physique de communication.)

❷ QCM
a. Un ordinateur qui émet des requêtes est un client.
b. Une adresse IP correspond à une adresse sur le réseau Internet.
c. Dans un réseau pair-à-pair, toutes les machines peuvent être clients et serveurs.

❸ Qui suis-je ?
a. Dans un réseau, les **routeurs** s'occupent d'orienter les **paquets** vers les machines cibles grâce à leur adresse.
b. Un paquet circule accompagné de deux en-têtes. L'une indique l'adresse d'un ordinateur et l'autre assure son acheminement, il s'agit du protocole **TCP/IP**.
c. Dans un réseau pair-à-pair, les machines sont à la fois **client** et **serveur**.

THÈME 3 — Le Web

Pour tester ses connaissances p. 56

1 Web
1. b Le Web est un des services d'Internet.
2. c Le sigle « www » désigne le *World Wide Web*.
3. c La bonne syntaxe est http://www.reverso.net/

2 Navigateurs
1. c Writer n'est pas un navigateur (traitement de texte).
2. a Le navigateur permet d'accéder aux pages du Web.
3. c La fonction d'un raccourci Internet est de mémoriser l'adresse d'une page Web.

3 Liens hypertextes
1. b Un lien hypertexte est une zone d'une page Web sur laquelle on peut cliquer.
2. a La source d'un lien hypertexte est généralement un texte ou une image.
3. b Les liens hypertextes prennent souvent une couleur dans les pages Web.

4 Protection de la vie privée sur le Web
1. b On accède à la liste de tous les sites visités par le menu *Historique*.
2. a La navigation privée permet de ne pas laisser de traces sur Internet.
3. b Lorsque l'on fait une recherche sur Internet, des traces sont conservées dans des serveurs et sont parfois utilisées à des fins commerciales.

Pour vérifier ses acquis p. 72

1 Vrai ou faux ?
a. Vrai
b. Faux (Le langage CSS permet de mettre en forme des pages Web.)
c. Vrai
d. Vrai
e. Faux

2 QCM
a. Le rôle du langage HTML est d'être interprété par un navigateur Web.
b. Les navigateurs permettent d'afficher des pages Web.
c. Pour réaliser un lien vers la page d'accueil de Wikipédia, on écrit : <a href="http://wikipedia.org">Wikipédia</a>

3 Qui suis-je ?
a. HTML est l'abréviation de **HyperText Markup Language**.
b. Le langage HTML est un langage de **balises**.
c. Un fichier HTML est constitué de deux parties : **head** et **body**.
d. Un **lien hypertexte** permet d'atteindre une autre page du même site ou un autre site.

THÈME 4 — Localisation, cartographie et mobilité

Pour tester ses connaissances p. 78

1 Échelles
1. c Une échelle est le rapport entre la taille sur la carte et la taille réelle.
2. a À l'échelle 1/25 000, 1 cm sur la carte représente 250 m.
3. b L'échelle de la carte est de 1/500 000.

2 Se repérer sur la Terre
1. b Le premier nombre sert à repérer la latitude.
2. c L'équateur est une ligne imaginaire qui sépare l'hémisphère nord et l'hémisphère sud.
3. a Londres se situe dans l'hémisphère nord.

3 Système GPS
1. a Le GPS nous localise grâce à des satellites.
2. b Le sigle GPS veut dire *Global Positioning System*.
3. a Le GPS est le système de géolocalisation américain.

4 Confidentialité des données de localisation
1. b La localisation de mon téléphone est une donnée personnelle.
2. c La localisation de mon téléphone peut être utilisée par d'autres applications.
3. a Si mon smartphone est hors connexion, le GPS peut fonctionner normalement.

Pour vérifier ses acquis p. 94

1 Vrai ou faux ?
a. Vrai
b. Faux (Il s'agit du système de géolocalisation européen.)
c. Vrai
d. Faux (C'est un portail public).
e. Faux (Tout le monde peut contribuer.)
f. Faux (Cela dépend des préférences de l'utilisateur.)

2 QCM
a. Le GPS a été développé par les États-Unis.
b. La distance entre le récepteur GPS et le satellite est calculée grâce aux heures d'arrivée et d'envoi du signal.
c. Une trame NMEA est un message de 82 caractères au plus.
d. Les itinéraires proposés par un GPS sont calculés grâce à des algorithmes.

3 Qui suis-je ?
a. Les systèmes GPS et Galileo permettent la **géolocalisation** par satellite d'un récepteur.
b. Le calcul des coordonnées d'un récepteur grâce aux distances qui le séparent de trois satellites est appelé la **trilatération**.
c. Une **trame** est constituée de champs séparés entre eux par des virgules et donnant les valeurs de différentes données.

Corrigés ■ 189

Pour tester ses connaissances p. 102

1 Photographie numérique et stockage

1. b L'appareil photo d'un smartphone permet de réaliser des photos numériques.
2. a Les photos d'un smartphone peuvent être stockées sur la carte mémoire.
3. a L'espace mémoire nécessaire pour enregistrer une photo numérique se mesure en octets.

2 Qualité d'une image numérique

1. b Le plus petit élément d'une image numérique est le pixel.
2. a Une image est de meilleure qualité lorsqu'elle est en haute résolution.
3. c Lorsque l'on agrandit une image, elle est moins nette ou aussi nette.

3 Modification d'image

1. b L'extension d'un fichier image est jpg.
2. b Une photo compressée prend moins d'espace mémoire.
3. b Un filtre photographique permet de modifier une image numérique.

4 Droit et image

1. a Mettre la photo de quelqu'un sur Internet nécessite de demander son accord.
2. c Une photo sur Internet n'est pas toujours librement réutilisable.
3. a Lorsque l'on envoie un selfie à quelqu'un, son utilisation est incontrôlable.

Pour vérifier ses acquis p. 118

1 Vrai ou faux ?

a. Faux (Rouge, vert, bleu)
b. Faux (Entre 0 et 255)
c. Vrai
d. Vrai
e. Faux (Elle prend moins de place.)
f. Vrai

2 QCM

a. Le code couleur pour le vert est (0,255,0).
b. La définition d'une image numérique est exprimée en pixels.
c. Pour enregistrer une image dans un format qui prend le moins de place possible, il faut choisir l'extension jpg.
d. Les filtres des photosites sont répartis en carré de quatre : deux verts, un rouge, un bleu.

3 Qui suis-je ?

a. Les petits carrés monochromes formant une image numérique sont les **pixels**.
b. Les données comme la date, la géolocalisation ou les réglages de l'appareil sont enregistrées dans un fichier au format **EXIF**.

Pour tester ses connaissances p. 126

1 Vocabulaire des réseaux sociaux

1. b L'*e-reputation* désigne l'image de quelqu'un sur Internet et sur les réseaux sociaux.
2. c Un *follower* est une personne qui suit votre compte sur un réseau social.
3. b Un *hashtag* précède toujours un mot-clé facilitant les recherches.

2 Inscription sur un réseau social

1. a Pour s'inscrire seul sur un réseau social, il faut avoir au moins 15 ans.
2. c Pour éviter que tout le monde ait accès à mes publications, il faut régler les paramètres de confidentialité.
3. a Pour choisir un avatar, je peux mettre une image de mon choix.

3 Publication sur des réseaux sociaux

1. c Mes publications sur un réseau social sont visibles ou non, cela dépend des réglages.
2. c Un *troll* est une personne qui cherche la polémique.
3. a Quelqu'un peut perdre son emploi pour des éléments qu'il a publiés sur les réseaux sociaux pour des propos injurieux ou diffamatoires.

4 Protection sur les réseaux sociaux

1. c Quelqu'un qui écrit un message sur un réseau social n'a pas le droit de tenir de propos injurieux, raciste ou sexiste.
2. b Le cyberharcèlement est une forme de violence répétée sur Internet.
3. b En cas de cyberharcèlement, il faut aller porter plainte et changer tous ses comptes et numéros de portable.

Pour vérifier ses acquis p. 142

1 Vrai ou faux ?

a. Faux (Elle est ciblée en fonction de votre profil.)
b. Faux (Une partie est payante.)
c. Vrai
d. Faux (Il peut y avoir plus de liens.)
e. Faux (Il est possible d'agir.)

2 QCM

1. b Mes données personnelles sur les réseaux sociaux peuvent être utilisées pour cibler les contenus qui me sont proposés.
2. b Les réseaux sociaux gagnent de l'argent principalement grâce à la publicité.
3. a La distance entre deux sommets dans un graphe est le nombre de liens constituant le plus court chemin entre eux.

3 Qui suis-je ?

a. L'ensemble de toutes les informations présentes au sujet de quelqu'un sur Internet est son **identité numérique**.
b. La violence commise de manière répétée à l'aide d'outils de communication numériques est le **cyberharcèlement**.
c. On peut représenter un réseau social sous la forme d'un **graphe**.

190 ▪ Corrigés

THÈME 7 — L'informatique embarquée

Pour tester ses connaissances p. 150

1 Fonctionnement d'un système informatique embarqué

1. c Un système informatique embarqué permet de contrôler et piloter une machine.

2. a La carte programmable d'un système informatique embarqué permet d'exécuter des instructions.

3. b L'implantation d'un programme dans un système informatique embarqué nécessite une liaison filaire ou par ondes entre le système embarqué et un ordinateur.

2 Capteurs et actionneurs

1. c Un système informatique embarqué acquiert des informations grâce à ses capteurs.

2. b Un composant qui mesure la température est un capteur.

3. c Un composant qui doit émettre un signal sonore est un actionneur.

3 Programmation d'un système informatique embarqué

1. b Un algorithme est une suite d'instructions qui permet de résoudre un problème ou décrire le comportement d'un système.

2. c Un programme Scratch commence par un évènement.

3. b L'instruction « si d < 15 alors reculer » permet de détecter la distance d'un obstacle.

4 Interfaces

1. b Une interface est un dispositif (écran, boîtier, commande vocale) qui permet aux hommes de contrôler une machine.

2. c Pour réaliser l'interface d'une application pilotant un objet, on doit dessiner des objets (boutons, zones de texte, cases à cocher, etc.).

3. b Une interface entre une machine et un homme assure une fonction de communication.

Pour vérifier ses acquis p. 164

1 Vrai ou faux ?

a. Faux (Un système informatique embarqué contient une carte programmable.)

b. Vrai   **c.** Vrai   **d.** Vrai

2 QCM

a. Un actionneur est un composant qui agit sur le système embarqué.

b. Un capteur est un composant qui permet d'acquérir des informations.

c. Un système informatique est programmable.

d. L'implantation d'un programme dans la mémoire d'une carte programmable nécessite une liaison entre le système embarqué et l'ordinateur.

3 Qui suis-je ?

a. Des instructions qui permettent de résoudre un problème ou de définir le comportement d'un système sont regroupées dans un **algorithme**.

b. Un dispositif écran qui fait le lien entre l'utilisateur et la machine s'appelle une **interface**.

Programmer avec Python

Pour tester ses connaissances p. 172

1 Variables

1. c Une variable sert à stocker une valeur.

2. b L'affectation d'une variable revient à donner une valeur à une variable.

3. c Une variable peut contenir un nombre ou un texte.

2 Instructions conditionnelles

1. b L'instruction conditionnelle « si alors » permet de tester une condition.

2. b La condition x=2 ou x>2 sur la variable x est vraie pour plusieurs valeurs de x (pour toutes les valeurs supérieures ou égales à 2).

3. a La partie « sinon » de « si alors sinon » s'exécute quand la condition n'est pas vérifiée.

3 Boucles

1. b Une boucle facilite la répétition d'une séquence d'instructions.

2. c La boucle « répéter jusqu'à » répète un traitement jusqu'à ce que la condition soit vérifiée.

3. a Une boucle peut répéter un traitement indéfiniment.

4 Sous-programmes

1. b Un sous-programme permet d'appeler plusieurs fois la même séquence d'instructions.

2. c Un paramètre d'un sous-programme transmet la valeur d'une variable aux instructions d'un sous-programme.

3. c Un sous-programme peut renvoyer une valeur en sortie ou non.

Pour vérifier ses acquis p. 182

1 Vrai ou faux ?

a. Vrai
b. Faux
c. Faux
d. Vrai
e. Faux
f. Faux

2 QCM

a. Lorsque l'on écrit $a = 12.45$, la variable a est de type nombre décimal (float).

b. « Sinon si » s'écrit en Python elif.

c. Ce programme affiche 0 2 4 6.

d. Pour définir une fonction, il faut utiliser l'instruction def.

3 Qui suis-je ?

a. Une instruction qui permet d'exécuter un bloc d'instructions lorsqu'une condition est vérifiée est l'instruction **conditionnelle**.

b. Les opérateurs *and* et *or* sont des **opérateurs logiques**.

Corrigés ■ 191

Crédits photographiques

Couverture : Photo : kegfire/depositphotos – Logo Python : © 2001-2019. Python Software Foundation

Thème 1

p. 10 : Juice Images/Age Fotostock – **p. 12 :** (1) DR/Samsung ; (2) Vector Plus Image/Shutterstock – **p. 13 :** DR/Samsung – **p. 14 :** (1) ArnoldReinhold ; (2 et 3) Courtesy of International Business Machines Corporation, © International Business Machines Corporation – **p. 15 :** (1) Matt314 ; (2) Nrbelex licence by Creative Commons Attribution-Share Alike 3.0 Unported ; (3) https://opendata.roubaix.fr by licence ODbL – **p. 16 :** (1) DILA Vie publique/La Documentation française. 2018. https://www.vie-publique.fr/actualite/dossier/securite-internet/reglement-general-protection-donnees-quoi-s-agit-il.html ; (2) FrankBoston/Adobe Stock ; (3) View Stock RF/Age Fotostock – **p. 18 :** Javen/Adobe Stock – **p. 19 :** https://opendata.paris.fr/by licence ODbL – **p. 20 :** Saskia Massink/Adobe Stock – **p. 21 :** Monkey Business/Adobe Stock – **p. 22 :** DR/Samsung – **p. 25 :** Google – **p. 27 :** (1) Raise Kanareva/Adobe Stock ; (2) Pict Rider/Adobe Stock – **p. 29 :** (1) Aurynrikson/Adobe Stock ; (2) Olly/Adobe Stock – **p. 30 :** (1) 20th Century Fox/The Kobal Collection/Digital Domain/Aurimages ; (2) Yakobchuk Olena/Adobe Stock – **p. 31 :** (1) RGPD/GDPR : FAQ avec la CNIL, 2018. Source : CNIL, http://www.cnil.fr by CC BY-ND-NC 3.0 FR ; (2) Africa Studio/Adobe Stock

Thème 2

p. 32 : Siarhei/Adobe Stock – **p. 36 :** (1) Topical Press Agency/Hulton Archives/Getty Images ; (2) Douglas A. Sonders/Getty Images – **p. 37 :** (1) Carlos Alvarez/Getty Images ; (2) Irontango/Adobe Stock ; (3) Akarat Phasura/Adobe Stock – **p. 44 :** µTorrent – **p. 45 :** Matrix – **p. 51 :** Vitaly Krivosheev/Adobe Stock – **p. 52 :** Gorodenkoff/Adobe Stock – **p. 53 :** Myvisuals/Adobe Stock

Thème 3

p. 54 : Metamorworks/Adobe Stock – **p. 56 :** Afanasev Ivan/Shutterstock – **p. 58 :** (1) Dgies by GNU Free Documentation License version 1.2 ou toute version ultérieure ; (2) AP/SIPA ; (3) Courtesy of the National Center for Supercomputing Applications (NCSA) and the Board of Trustees of the University of Illinois – **p. 59 :** (1) W3C® Trademark and Service Mark License – **p. 67 :** (1) CookiViz/Source : CNIL, http://www.cnil.fr by CC BY-ND-NC 3.0 FR ; (2) Mbruxelle/Adobe Stock – **p. 72 :** Magalice/Adobe Stock – **p. 74 :** (1) Georgejmclittle/Adobe Stock ; (2) lassedesignen/Adobe Stock – **p. 75 :** (1) Freshidea/Adobe Stock ; (2) PR Image Factory/Adobe Stock

Thème 4

p. 76 : DragonImages/Adobe Stock – **p. 79 :** Andrey Popov/Adobe Stock – **p. 80 :** (1) Andrey Popov/Adobe Stock ; (2) Evgeny Biyatov/Sputnik/AFP – **p. 81 :** (1) ake1150/Adobe Stock ; (2) z22 CC BY-SA 3.0 ; (3) ESA/P.Carril/Novapix/Leemage – **p. 82 :** Kadmy/Adobe Stock – **p. 84-85 :** © IGN 2019 Géoportail, le portail de la connaissance du territoire – **p. 88 :** (1) © Google Maps ; (2) © Mappy – **p. 90 :** © IGN 2019 Géoportail, le portail de la connaissance du territoire – **p. 91 :** © OpenStreetMap – **p. 94 :** Georgejmclittle/Adobe Stock - **p. 95 :** Andrey Armyagov/Adobe Stock – **p. 98 :** (1) Zinkevych/Adobe Stock ; (2) Andrey Popov/Adobe Stock – **p. 99 :** (1) © OpenStreetMap ; (2) Lightpoet/Adobe Stock

Thème 5

p. 100 : Daniel Ernst/Adobe Stock – **p. 103 :** (1) Chris Rout/Alamy/Hemis ; (2 et 3) Aaron Amat/Shutterstock – **p. 104 :** (1) College of Liberal Arts Office of Information Technology, University of Minnesota ; (2) National Science & Media Museum/SSPL/Leemage – **p. 105 :** (1) Russel A. Kirsch/NIST ; (2) David Duprey/AP/Sipa ; (3) Reused with the permission of Nokia Corporation and AT&T Archives ; (4) Ian Hanning/REA – **p. 106 :** Beboy/Adobe Stock – **p. 107 :** Dmytro Sukharevskyi/Adobe Stock – **p. 110 :** SusaZoom/Adobe Stock – **p. 111 :** Iam-photography/Adobe Stock ; (2) Dave Kennard/Discoverdigitalphotography.com ; (3) Blackzheep/Adobe Stock ; (4) JFL Photography/Adobe Stock – **p. 112 :** Drobot Dean/Adobe Stock – **p. 113 :** (1) Damien Roué ; (2) Tono Balaguer/Adobe Stock – **p. 114 :** (1) Alena Kovalenko/Adobe Stock – **p. 115 :** (1) Rohappy/Adobe Stock ; (2) Blackzheep/Adobe Stock ; (3) JFL Photography/Adobe Stock – **p. 117 :** (1) Merla/Adobe Stock ; (2) Irina/Adobe Stock ; (3) Chaoss/Adobe Stock ; (4 et 6) Artefacti/Adobe Stock ; (5) : Metamorworks/Adobe Stock – **p. 118 :** (1) Africa Studio/Adobe Stock ; (2) Tono Balaguer/Adobe Stock – **p. 119 :** (1) EmBaSy/Adobe Stock ; (2) CallMeTak/Adobe Stock ; (3) La Vector/Adobe Stock ; (4) AYAimages/Adobe Stock ; (5) Famveldman/Adobe Stock ; (6) Yanlev/Adobe Stock – **p. 120 :** Andessa/Adobe Stock – **p. 122 :** (1) Studio Romantic/Adobe Stock ; (2) Cao Zhengping/XINHUA-REA – **p. 123 :** (1) DR ; (2) Svetikd/Premium Access

Thème 6

p. 124 : Wichayada Suwanachun/Shutterstock – **p. 126 :** Kubko/Adobe Stock – **p. 127 :** Maisons des jeunes du Centre-du-Québec – **p. 128 :** (1) DR ; (2) Tony Avelar/AP/Sipa ; (3) DR – **p. 129 :** (1) Peter Dasilva/The New York Times-REDUX-REA ; (2) Emmanuel Dunand/AFP ; (3) K. Y. Cheng/South China Morning Post via Getty Images ; (4) J. Emilio Flores/The New York Times-REDUX-REA – **p. 131 :** DR – **p. 132 :** DR – **p. 133 :** DR – **p. 135 :** Adobe Stock – **p. 137 :** Raphaël Labarre/Adobe Stock - **p. 138 :** LinkedIn – **p. 139 :** Ministère de l'Education nationale et de la jeunesse – **p. 143 :** (1) Filo/Premium Access ; (2) Praetorianphoto/Premium Access – **p. 146 :** Flamingo Images/Adobe Stock ; (2) Gil C/Shutterstock, Les Echos, Enrique Moreira, le 28.02.2016 – **p. 147 :** Geralt/Pixabay

Thème 7

p. 148 : Metamorworks/Adobe Stock – **p. 150 :** (1) Pakhnyushchyy/Adobe Stock ; (2) Nasa/Novapix/Leemage – **p. 152 :** (1) SSPL/Leemage ; (2) Courtesy of International Business Machines Corporation, © International Business Machines Corporation ; (3) Thomas Nguyen CC BY-SA 4.0 – **p. 153 :** (1) DR ; (2) Bcos47 et Tcomotcom ; (3) Michel Houet/Belpress/Andia – **p. 154 :** (1) ARochau/Adobe Stock ; (2, 3 et 4) Avec l'aimable autorisation de Bosch ebike Systems – **p. 156 :** Technologie Services/DJI – **p. 158 :** (1) Eshma/Adobe Stock ; (2) Andrey Popov/Adobe Stock – **p. 160 :** (1) Krasyuk/Adobe Stock ; (2, 3 et 4) DR – **p. 161 :** DR – **p. 163 :** © Noerden – **p. 164 :** Toutenphoton/Adobe Stock – **p. 165 :** Robert Kneschke/Adobe Stock – **p. 168 :** Paramount Pictures/Skydance Productions/The Kobal Collection – **p. 169 :** (1) Peter Nicholls/Reuters ; (2) Jasmin Merdan/Getty Images

Programmer avec Python

p. 170 : Goodluz/Adobe Stock – **p. 175 :** (1) Andrey Popov ; (2) BigTunaOnline/Shutterstock ; (3) Davooda/Shutterstock – **p. 177 :** (1) : VadimGuzhva/Adobe Stock ; (2) Weedezign/Adobe Stock ; (3) Mariusz Blach/Adobe Stock – **p. 179 :** (1) Halfpoint/Adobe Stock ; (2) Tijana/Adobe Stock ; (3) WavebreakMediaMicro/Adobe Stock – **p. 181 :** (1) Production Perig/Adobe Stock ; (2) Ian Lishman/Juices Images/Photononstop ; (3) s_l/Adobe Stock – **p. 184 :** Nadir Keklik/Shutterstock

Crédits vidéos

Vidéos d'ouverture des thèmes 1 à 7 : une co-production Inria, 4minutes34, S24B avec le soutien du Ministère de l'Éducation Nationale dans le cadre du Mooc « S'initier à l'enseignement en Sciences Numériques et Technologie ».

Vidéos des Repères historiques : Mister Flech

Couverture : Cécile Chaumet (Piaude : Repères historiques – Alexandre Leguedey : Le numérique en chiffres)

Maquette intérieure : Favre&Lhaik

Mise en pages : STDI

Édition : Sébastien Le Jean – Thomas Blasselle

Schémas : Alexandre Leguedey – Vincent Landrin

Vous utilisez un **Manuel connecté Delagrave**, qui propose des QR codes et/ou des liens hypertextes permettant d'accéder en ligne à des ressources numériques complémentaires. Les éditions Delagrave font leurs meilleurs efforts pour sécuriser la consultation et l'utilisation des ressources en ligne qu'elles éditent, produisent ou hébergent, conformément aux règles d'usages d'Internet. Delagrave ne saurait être tenu responsable des interruptions de services dues aux caractéristiques et limites du réseau Internet, notamment dans le cas d'interruptions quelle qu'en soit la cause, des performances techniques et des temps de réponse pour consulter ou interroger les ressources proposées. L'accès aux ressources associées au Manuel connecté Delagrave est garanti pour une période maximum de deux ans, à compter de la date de parution de cet ouvrage indiquée ci-dessous (copyright). Au terme de cette période, l'utilisateur du Manuel connecté Delagrave ne saurait exiger le maintien du service proposé.

Dans le cas où les QR codes et liens hypertextes permettent d'accéder à des sites Internet tiers, la responsabilité des éditions Delagrave n'est pas engagée, notamment quant à leur éventuel dysfonctionnement ou à leur indisponibilité d'accès.

Tous droits de traduction, d'adaptation et de reproduction par tous procédés, réservés pour tout pays.

Le Code de la propriété intellectuelle n'autorisant, aux termes des paragraphes 2 et 3 de l'article L. 122-5, d'une part, que les « copies ou reproductions strictement réservées à l'usage privé du copiste et non destinées à une utilisation collective » et, d'autre part, sous réserve du nom de l'auteur et de la source, que « les analyses et les courtes citations justifiées par le caractère critique, polémique, pédagogique, scientifique ou d'information », toute représentation ou reproduction intégrale ou partielle, faite sans consentement de l'auteur ou de ses ayants droit, est illicite (art. L. 122-4). Toute représentation ou reproduction, par quelque procédé que ce soit, notamment par téléchargement ou sortie imprimante, constituera donc une contrefaçon sanctionnée par les articles L. 335-2 et suivants du Code de la propriété intellectuelle.

© Éditions Delagrave, 2019
ISBN : 978-2-206-10338-9
5, allée de la 2e D.B. – 75015 Paris
www.editions-delagrave.fr
Achevé d'imprimer en août 2019 par Pollina en France - 12655
N° d'éditeur : 2019_0349 – Dépôt légal : mai 2019